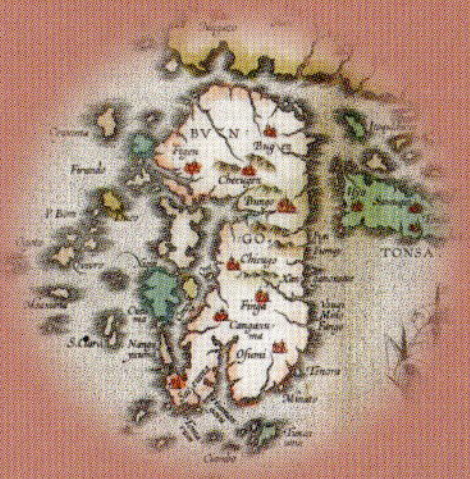

シリーズ【実像に迫る】018

九州の関ヶ原

光成準治

mitsunari junji

戎光祥出版

はしがき

慶長《けいちょう》五年（一六〇〇）九月十五日、徳川家康《とくがわいえやす》を中心とするいわゆる東軍《とうぐん》と、石田三成《いしだみつなり》を中心とするいわゆる西軍《せいぐん》は、美濃《みの》国関ヶ原《せきがはら》（岐阜県関ヶ原町）で激突した。この戦闘は、「天下分け目の関ヶ原」と称されるとおり、豊臣《とよとみ》政権から徳川政権への移行の流れを決定的にしたものとして名高い。

関ヶ原での戦闘には、全国の各大名が東軍あるいは西軍として参戦したが、関ヶ原以東の大名すべてが東軍、以西の大名すべてが西軍に荷担したわけではない。各地域には、東軍・西軍それぞれに荷担する大名が混在しており、関ヶ原における戦闘の前後に、全国で戦闘が展開されている。林千寿氏は、美濃国関ヶ原以外の地域における戦いも戦後領国体制の創出に大きく関わっていたとして、それらの戦いにも目を向ける必要があると指摘した〔林二〇一〇〕。林がとりあげた地域は九州である。この地域で展開された戦闘のうち、豊前中津《ぶぜんなかつ》城主黒田長政《くろだながまさ》の父如水《じょすい》の動向についてはよく知られている。とりわけ、旧領回復を狙った大友吉統《おおともよしむね》と激突した石垣原《いしがきばる》の戦い（大分県別府市）は有名である。一方、如水以外の大名の九州地域における動向については、ほとんど知られていないのではないだろうか。

地理的には西に位置する九州地域にも、東軍に荷担した大名が存在した。関ヶ原で戦闘に直接加わった東軍大名として、黒田長政のほか寺沢正成《てらさわまさなり》（肥前唐津《ひぜんからつ》城主）があげられる。また、豊後《ぶんご》国には丹後宮津《たんごみやづ》城主である細川忠興《ほそかわただおき》の所領があった。肥後熊本《ひごくまもと》城主加藤清正《かとうきよまさ》は東軍に分類されることが多いが、清正の行動の意図については検討の余地がある。その他の大名は、西軍、あるいは西軍から東軍への寝返り、中立とされるが、彼らの動向についても、関ヶ原における勝敗を決定づけたとされる筑前《ちくぜん》名島《なじま》城主小早川秀秋《こばやかわひであき》の動向〔白峰二〇一四〕を除くと、十分に解明されたとはいえない。去就に迷ったものの、最終的には家康に服従して大名の地位を保った家では、関ヶ原当時の行動を江戸期になって正当化するための、歴史の改変がおこなわれた可能性がある。ところが、改変された言質《げんち》が通説化しているケースも少なくない。

そこで、本書では、関ヶ原の戦い前後の九州地域において展開された軍事紛争の実像を、おもに同時代史料を用いて描き出していきたい。石垣原の戦い以外の九州地域における戦闘として、①豊後の太田《おおた》氏と中川《なかがわ》氏が衝突した佐賀関《さがのせき》の戦い（大分市）、②日向《ひゅうが》の伊東《いとう》氏と高橋《たかはし》氏が衝突した宮崎《みやざき》城の戦い（宮崎市）、③肥後の加藤氏と小西《こにし》氏が衝突した宇土《うと》城（熊本県宇土市）などにおける戦い、④筑後《ちくご》立花《たちばな》氏を肥前《ひぜん》鍋島《なべしま》氏らが攻撃した江上《えがみ》合戦（福岡県久留米市周辺）、をとりあげる。また、①や②に関連する豊後・日向諸大名の動向、③に関連する加藤清正や肥後相良《さがら》氏の動向を明らかにする。

なお、本書に関連する先行研究として、巻末に掲載した参考文献のほか、笠谷和比古『関ヶ原合戦と大坂の陣』（吉川弘文館、二〇〇七年）や、九州地域の博物館における展示図録（八代市立博物館未来の森ミュージアム『関ケ原合戦と九州の武将たち』〈一九九八年〉、熊本県立美術館『激動の三代展』〈二〇〇七年〉、熊本県立美術館『加藤清正』〈二〇一二年〉）があげられる。あわせてご参照願いたい。

光成準治

二〇一八年十一月

❖シリーズ【実像に迫る】018

九州の関ヶ原

目次

第二部　加藤清正と相良頼房の野望

第三部　西軍として転戦した筑後の諸大名

九州の猛者とゆかりの甲冑

破竹の勢いで豊前・豊後を制圧

【黒田如水】

律管脇立桃形兜・緋威胴丸具足■如水所用の甲冑。兜には、笛を模した脇立を付け、胴には黒田家の家紋である藤巴をあしらっている。如水から子の長政、孫の長興（秋月藩主）へと受け継がれた　朝倉市秋月博物館蔵

ライバル・小西行長の領土を併呑【加藤清正】

◀金小札色々糸威片肌脱胴具足■清正所用と伝わる色鮮やかな甲冑。至るところに金箔が施されているなど、その色彩美と片肌を出した奇抜な意匠には、奇を好んだ戦国武将の趣向がよくあらわれている　名古屋市博物館蔵　松坂屋コレクション

▼加藤清正画像■慶長16年（1611）の清正没後から、加藤氏が改易される寛永9年（1632）までの間に描かれたとされる　熊本市・本妙寺蔵

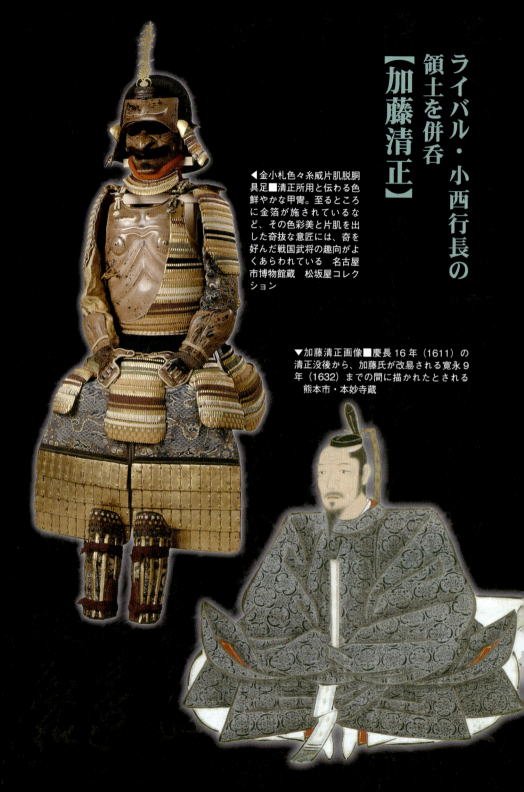

領土安泰のため機をみて東軍へ【鍋島直茂・勝茂】

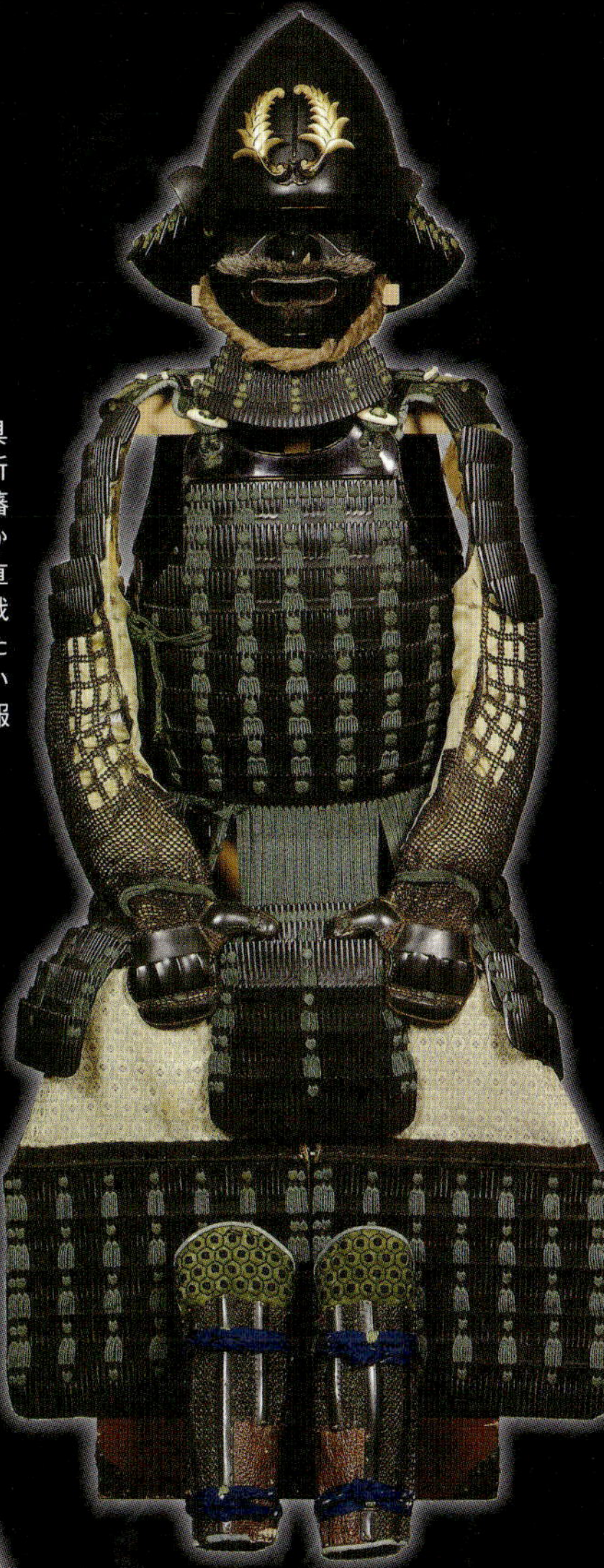

▶青漆塗萌黄糸威二枚胴具足■直茂の子である勝茂所用の甲冑で、以降は佐賀藩の歴代藩主が着用。勝茂からこれを譲られた末子の直長によれば、勝茂が常に戦場で着用し、勝利してきた「武運の瑞器」であるという　公益財団法人 鍋島報效会蔵

▼鍋島直茂画像■佐賀藩の御用絵師・三浦子璨によって、江戸時代の中期頃に描かれたもの　公益財団法人 鍋島報效会蔵

最後まで西軍方として戦いぬく【立花宗茂】

◀伊予札縫延栗色革包仏丸胴具足■関ヶ原の戦い直前に製作されたという宗茂所用の当世具足。全体的に無駄のない質実剛健な作りで、胴は表面を革でなめらかに包んでいる　立花家史料館蔵

▶立花宗茂画像■福厳寺（福岡県柳川市）蔵の画像を手本に、宗茂十三回忌に合わせて描かれた　立花家史料館蔵

第一部　生き残りをかけた九州東部戦線

九州東部の軍事衝突では黒田如水が中心的存在だった一方で、他の諸大名の動向はクローズアップされていない。ここでは、戦闘後に存続を認められた豊後中川氏や日向伊東氏らの動向から、謎に包まれていた九州東部の戦いの実像を明らかにしていこう。

伊東祐兵画像■日南市教育委員会蔵

第一章 佐賀関での大激戦

■大友氏没落後の豊後情勢■

豊臣秀吉《とよとみひでよし》の九州征討（天正《てんしょう》十四～十五年〈一五八六～八七〉）により島津《しまづ》氏が降伏すると、大友《おおとも》氏は旧支配地域のうち豊後《ぶんご》国一国と豊前《ぶぜん》国の一部を安堵されたが、天正二十年から始まった朝鮮侵略の際、義鎮《よししげ》（宗麟《そうりん》）の子吉統《よしむね》が拠点を放棄して退却したという理由で、文禄二年（一五九三）に改易された〔松原二〇一四〕。

大友氏の改易後、直入《なおいり》郡・大野《おおの》郡に中川秀成《なかがわひでなり》（岡《おか》城）、国東《くにさき》郡に竹中隆重《たけなかたかしげ》（高田《たかだ》城）・垣見一直《かきみかずなお》（富来《とみく》城）・熊谷直盛《くまがいなおもり》（安岐《あき》城）、海部《あまべ》郡に福原長堯《ふくはらながたか》（臼杵《うすき》城）、速見《はやみ》郡（木付《きつき》城）に毛利重政《もうりしげまさ》、日田《ひた》・玖珠《くす》郡に重政の弟友重《ともしげ》（高政《たかまさ》）と宮木《みやぎ》長次郎、大野郡に太田一《おおたかず》吉《よし》、大分《おおいた》郡に早川長政《はやかわながまさ》が配置された〔佐藤二〇一四〕。

その後、慶長《けいちょう》二年（一五九七）頃には、毛利重政が死没した跡の速見郡に早川が移され、福原は大分郡（府内《ふない》城）、太田は海部郡（臼杵城）へと移動した。さらに、関ヶ原の戦いを迎える慶長五年には、大分郡に早川が移り、速見郡は細川忠興《ほそかわただおき》領（本領は丹後《たんご》国）となっていた。

大友宗麟像■九州を席捲し、大内氏・毛利氏らと争ったが、耳川の戦いで島津氏に敗れて衰退した　大分市・府内城跡

■三成挙兵で揺れる諸大名の思惑■

細川忠興は、徳川家康《とくがわいえやす》の主導する会津《あいづ》征討に参加していたが〔林二〇〇〇〕、石《いし》田三成《だみつなり》と毛利輝元《もうりてるもと》が共謀して反徳川闘争*に決起したという情報に接し、七月二十一日、木付城（大分県杵築市《きつき》）に残していた松井康之《まついやすゆき》・有吉立行《ありよしたつゆき》・魚住市正《うおずみいちのかみ》に宛てた書状を発した（「松井文書所蔵古文書」、以下「松井」）。

内容は、松井・魚住を丹後国へ帰国させる一方、有吉を木付城に残し、木付の維持が困難になった場合には、隣国豊前に在国していた黒田如水《くろだじょすい》の居城中津《なかつ》（大分県中津市）へ移るように指示したものである。また、反徳川闘争決起を予期していたため、以前から如水と連携することを約束していたとあり、忠興は如水を東軍と認識していた。

図1　慶長２年（1597）当時の豊後国大名配置図

＊反徳川闘争■豊臣政権における最大の実力者となり、豊臣秀吉の死没後、会津征討を強行するなど専制性を強めていた徳川家康を排斥するため、石田三成・大谷吉継・毛利輝元らが中心となって慶長五年七月に挙兵したこと。

中津城の模擬天守と復興櫓■大分県中津市

ちなみに如水は、天正十七年（一五八九）に家督を嫡子長政に譲って隠居している（長政は会津征討に参加）。

松井ら木付留守居《るすい》衆も、「（如水は）九州において唯一の味方であり、こちらのことについてはすべて相談する」（七月晦日《みそか》付け書状案「松井」）と認識している。一方で、如水と同様に在国していた肥後熊本《ひごくまもと》の加藤清正《かとうきよまさ》については、「家康のお味方と言っており、木付に対して加勢するとのことである」と認識している。家康の味方という清正自身の主張にもかかわらず、木付衆にとっては明確な味方と認識されておらず、清正の動向は東軍方からも疑いの目でみられていた状況がうかがえる。

この書状案には、豊後諸大名の動向についても記されている。

高田（大分県豊後高田市）の竹中隆重は在国しており、「木付に対して特別に親身である」とされている。実際に、竹中は細川幽斎《ゆうさい》の籠城する丹後国田辺《たなべ》城（京都府舞鶴市）の攻撃に向かう小野木縫殿助《おのぎぬいのすけ》（丹波福知山《たんばふくちやま》城主）からの書状を松井に送っており（「松井」）、木付衆に上方《かみがた》の情報を流していた。一方で、「妻子が現在大坂にいるため、心配されているようだ」とあり、木付衆との連携方針を示しながらも、妻子が人質になっているため動きがとれないといった言いわけで、東軍への荷担は明言しなかったと推測される。

府内（大分市）の早川長政と日隈《ひのくま》（大分県日田市）の毛利友重については、「現在大坂にいて、思慮不足のために毛利輝元に与同《よどう》するつもりのようだ」とある。この

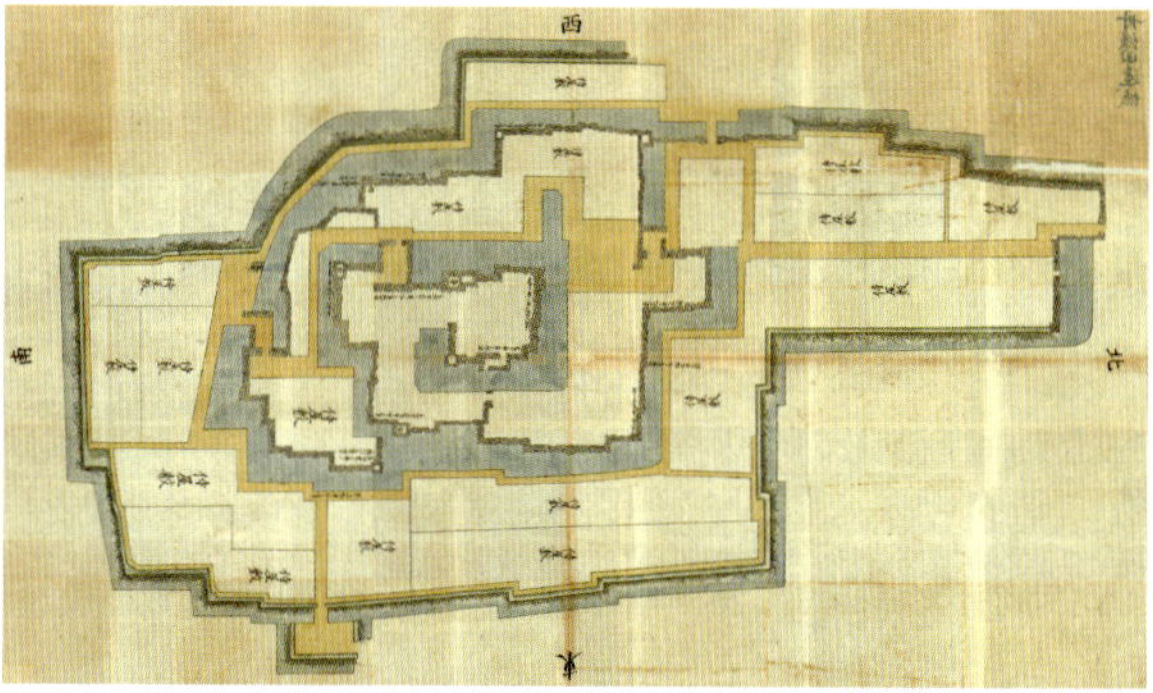

丹後田辺城図■「日本古城絵図」より
国立国会図書館蔵

両名は、慶長三年（一五九八）初頭の蔚山《ウルサン》（朝鮮半島）籠城後の戦線縮小問題（笠谷二〇〇〇、津野二〇〇二）で、三成とは対立関係にあったが、輝元が西軍の首脳となったことによって、西軍への荷担を決断したと認識されている。

岡（大分県竹田市）の中川秀成は、七月二十日に帰国して二十二日に松井に対して書状を出している（『中川家文書』）。帰国日から逆算すると、反徳川闘争決起以前に上方から帰国の途についたことになるが、なぜ会津征討に参加せず、帰国したのか定かでない。いずれにせよ、帰国した中川は松井や如水と連絡をとる一方で、豊臣奉行衆からの上洛*要請をうけて、去就《きょしゅう》に迷った。加藤清正に宛てた八月十八日付け起《き》請文《しょうもん》をみてみよう（『中川家文書』）。

一、秀頼《ひでより》様に対しては、申すまでもなく、貴殿も私も特別にご奉公しなければならないことです。そこで、貴殿が近くにおられますので、頻繁に連絡をとりましょう。

一、このたびの決起について、豊臣

豊臣秀頼画像■京都市東山区・養源院蔵

＊上洛■厳密には京都に行くことを指すが、本書では大坂など上方方面へ行くことの総称として用いた。

日隈城の枡形虎口■城主の毛利友重は西軍に属し、丹後田辺城攻めに参加する　大分県日田市

奉行衆から上洛するように何度も言ってきましたが、以前からの筋目《すじめ》により家康様と懇意にしていましたので、このようなときに離反《りはん》するわけにもいかず、今日まで遅参しています。貴殿も家康様との関係があるので、きっと熟慮されているのでしょう。

一、家康様に対して、私はひたすら裏表なく背くつもりはありませんので、奉行衆や毛利輝元にもよろしくお願いしたいという書状を一通も送っていません。奉行衆からは＊触状《ふれじょう》が到来しました。きっとそちらへも到来したでしょう。その返事をしたのみです。早くも家康様や前田利長《としなが》殿が上洛されるとのことです。しかし、私の母子や女房衆らが大坂におり、奉行衆から新庄直頼《しんじょうなおより》・直定《なおさだ》に預けられているので、私が上洛しなければ人質の生命は保証されないと言ってきました。このような状況で、私がこのたび上洛しなければ、人質はことごとく殺されるでしょう。しかたないので、上洛しようと思います。

細川忠興は妻を犠牲にすることで家康への忠誠を示しており、あるいは、黒田長《くろだなが》政《まさ》や加藤清正のように人質を脱出させたケースも少なくない。秀成が西軍に荷担しようとしたのは、家族への愛を重視したのみとは考えがたい。この点については後述する。

臼杵（大分県臼杵市）の太田一吉に関して、八月四日付け松井宛て宇喜多秀家《うきたひでいえ》・毛利輝元書状写（「松井」）に「速見郡受け取りのために、太田美作守《みまさかのかみ》を下向させた。

細川忠興画像■東京大学史料編纂所蔵模本

＊触状■触れ知らせる書状のこと。七月二十日付け松井康之宛大谷吉継書状（「松井」）に、「御ふれ折紙ならびに内府ちがいの条数を送りました」とある。このうち、「内府ちがいの条数」は秀吉の遺命に対する家康の違反行為などを列記した弾劾状、「御ふれ折紙」は弾劾状に副えられた文書である。これらの文書は七月十七日付けだが、『中川家文書』にも、七月十七日付け前田玄以・増田長盛・長束正家連署状が二通残されており、これが本文書に記された「触状」を指すと考えられる。

詳しくは年寄衆（豊臣奉行衆）から申し入れるので、早々に明け渡すように」とある。太田美作守は一吉の子一成《かずなり》である。八月二十八日付け松井ほか書状案（「松井」）によると、臼杵へ下向した一成は使者を派遣して木付開城を迫ったが、松井らに拒否された。松井は、一吉・一成父子が船で速見郡に渡り、深江《ふかえ》古城（大分県日出町）を拠点として木付を攻撃するのではないかと認識しており、一吉は反徳川闘争決起時、在国していた蓋然性が高い。以上から、太田父子の西軍荷担は明らかである。

富来（大分県国東市）の垣見一直と安岐（国東市）の熊谷直盛については、自身の九州での行動はみられない。両者は、戦線縮小問題をめぐって慶長四年閏三月の三成失脚〔水野二〇一六〕後に府内領を没収された福原長堯とともに三成の盟友的存在であり、反徳川闘争決起時から西軍に属していた。なお、三成らが関ヶ原に転戦した後、大《おお》

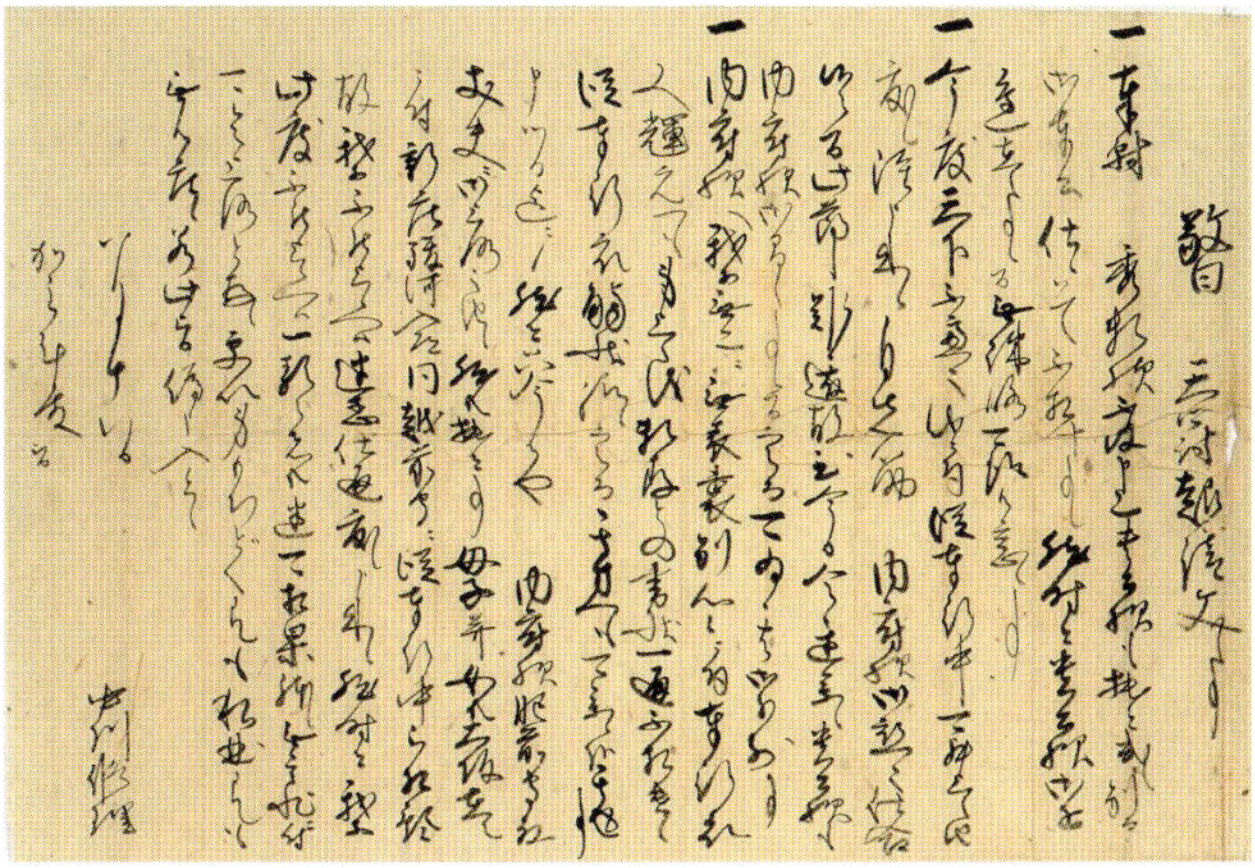

（慶長５年）８月18日付け中川秀成起請文■『中川家文書』　神戸大学附属図書館蔵

熊谷直盛の居城・安岐城の内堀■大分県国東市

福原長堯の墓■三重県伊勢市・永松寺

垣《がき》城（岐阜県大垣市）を守備していた一直・直盛は、九月十七日付け相良《さがら》頼房《よりふさ》宛て水野《みずの》勝成《かつなり》書状（『相良家文書』、以下『相良』）に「三の丸西の門口おいて、熊谷内蔵《くらの》丞《じょう》・垣見和泉《いずみ》・木村宗左衛門の首を、奮闘して討ち捕られ、その首三つを確かに受け取りました」とあり、ともに大垣城を守備していた味方の相良氏（第二部第二章参照）、高橋《たかはし》氏・秋月《あきづき》氏（第一部第二章参照）の寝返りによって討ち死にした。

■専守防衛に徹した太田一吉■

関ヶ原の戦いの際に豊後国で展開した戦闘として、毛利輝元や豊臣奉行衆の働きかけによって西軍に荷担し、旧領回復のために豊後への進攻を図った大友吉統と、如水・木付勢とが激突した石垣原《いしがきばる》の戦い（大分県別府市）が有名である。このため、先行研究でも如水・細川氏や大友氏の動向に着目した研究が進展してきた〔橋本一九八六、三重野二〇〇三、林二〇一〇、白峰二〇一二〕。とりわけ、如水については近年多くの著作が刊行されている〔小和田二〇一二、渡邊二〇一三〕。一方、石垣原の戦いに匹敵する戦闘であるにもかかわらず、臼杵の太田勢と岡の中川勢とが衝突した佐賀関《さがのせき》の戦い（大分市）の知名度は相対的に低い。本書では、この戦闘に注目したい。

太田氏は、美濃国太田村（岐阜県美濃加茂《みのかも》市）を本拠とする領主で、一吉の父政《まさ》

丹羽長秀画像■太田政一・一吉父子の主君。織田信長の重臣で、その死後も明智光秀征伐などで活躍した。豊臣秀吉とも昵懇だったが、天正十三年（一五八五）に死去。息子の長重が跡を継いだが、領国である越前・若狭・加賀（半国）のうち、佐々成政征討の際に越前を、九州征伐（天正十五年）の際に若狭を没収される　東京大学史料編纂所蔵模本

一《かず》は丹羽《にわ》長秀《ながひで》に仕えていたとされ、一吉も当初は丹羽氏家臣であったが、丹羽氏の減封後、秀吉に仕えることになったと考えられる。臼杵領の石高は六万五千石とされるが、私領部分の石高は定かでない〔中野一九九六〕。

先にみたとおり、一吉の子美作守は木付領明け渡しの使者として下向したが、松井らに拒否されたため、一吉とともに木付攻撃をくわだてた。そのための策として、夜陰にまぎれて船で速見郡に渡り、深江古城を修築して攻撃拠点にしようとした。しかし、木付勢が本丸・二の丸まで徹底的に破却して利用できないようにしたため、単独での攻撃をあきらめ、日向諸大名〔秋月・高橋・

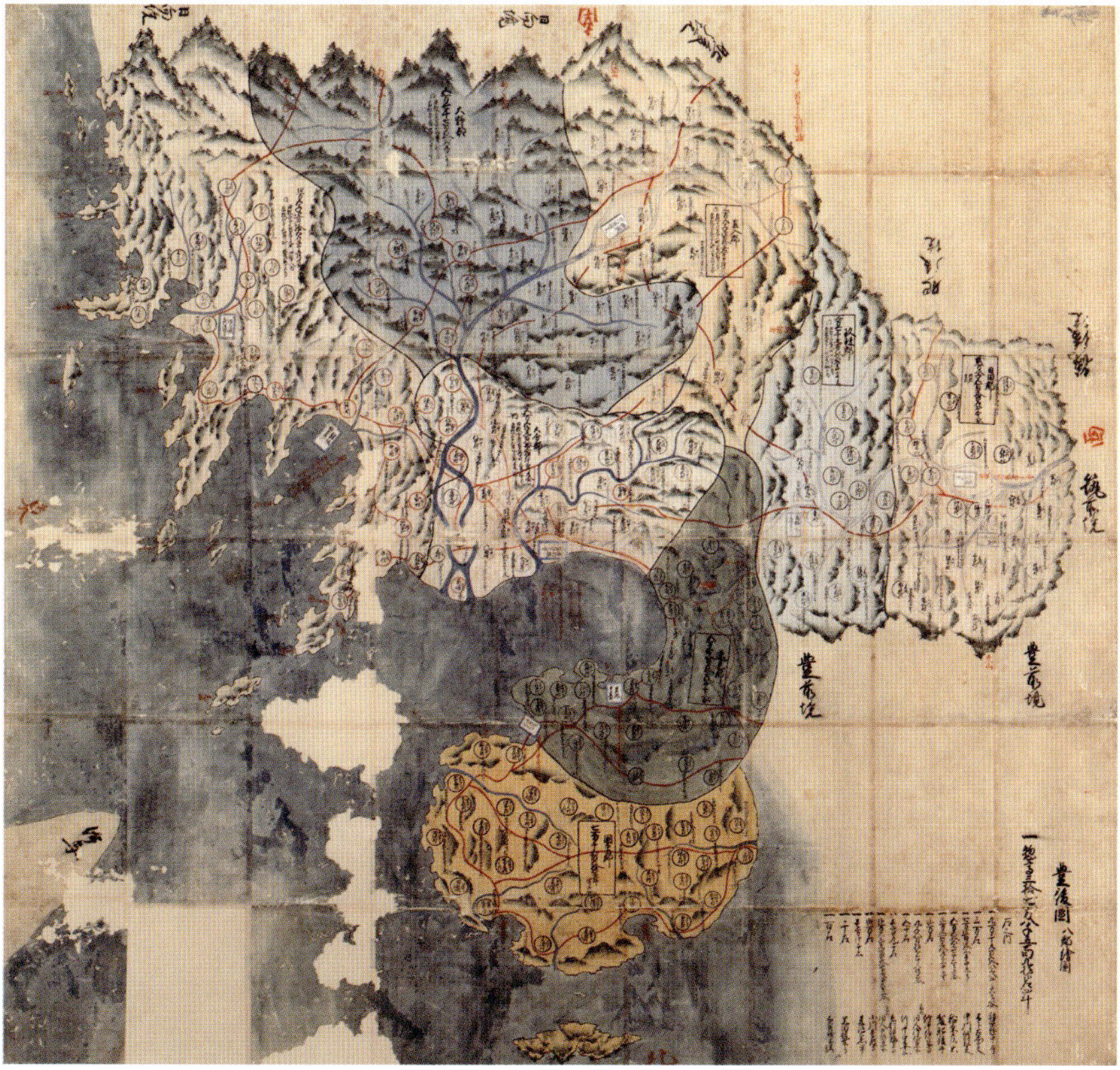

豊後国八郡絵図■関ヶ原の戦い後まもない慶長10年（1605）頃に、江戸幕府が臼杵藩に描かせたもの。本図をはじめ、同時期に西国大名に命じて作成された「慶長国絵図」は、10点ほどしか現存していない。当時、西国には幕府の支配が充分に及んでおらず、西国支配に必要な情報を得るため作成されたといわれる　臼杵市歴史資料館蔵

伊東《いとう》）や島津勢との連携による進攻を企図《きと》していた（八月二十八日付け松井ほか書状案「松井」）。

ただし、このの ち石垣原の戦いに至るまで、太田勢の動向はみられなくなる。如水勢の豊後進攻が予想されるなか、木付を攻撃することは如水・木付連合勢との正面衝突を意味しているが、日向・島津勢に来援の意思は乏しかった。このため、太田勢も専守防衛に徹さざるをえなくなったと考えられる。

■去就に迷う中川秀成■

次に、中川秀成は摂津《せっつ》国の領主層を出自とする中川清秀《きよひで》の子である。清秀は当初、摂津池田《いけだ》氏、のちに荒木村重《あらきむらしげ》、村重の織田《おだ》政権からの離反後は織田氏、信長横死《のぶながおうし》後は秀吉に従ったが、天正十一年（一五八三）の賤ヶ岳《しずがたけ》の戦いで討ち死にした。このため、秀成の兄秀政《ひでまさ》が家督を継承して、天正十三年には摂津国茨木《いばらき》（大阪府茨木市）から播磨《はりま》国三木《みき》（兵庫県三木市）へと移ったが、朝鮮渡海中の天正二十年、鷹狩り中に襲撃されて殺害された。兄の死後、家督を継承したのが秀成である（入江二〇一三）。

先にみたように、反徳川闘争決起後、秀成は東軍方あるいは東軍寄りである加藤清正・黒田如水・松井康之らと頻繁に通交していたが、一方で、西軍方勢力に対す

中川清秀画像■大阪府茨木市・梅林寺蔵

系図1　中川氏関係系図

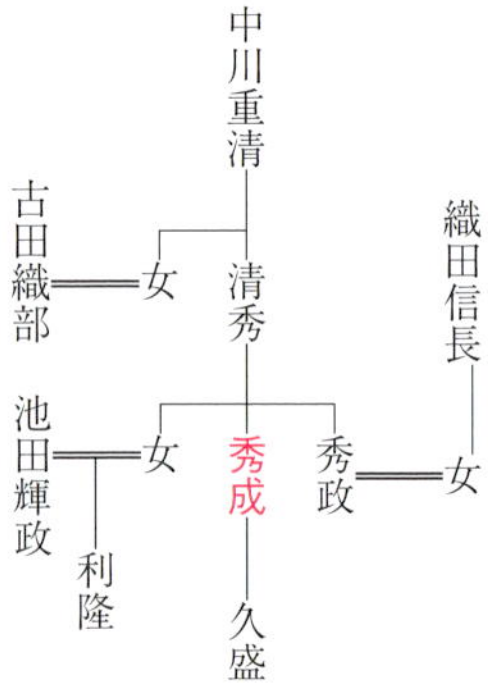

る軍事行動には消極的であった。このため、戦後になって如水から、「一貫した行動でなかった」と評されている。石高六万六千石の岡領は、豊後国の大名領としては最高であったと考えられるが、周囲を西軍方大名領に囲まれ、また、大友氏旧臣が＊与力《よりき》的存在となっていたため、大友吉統の豊後襲来が予想される状況下において、その去就に迷っていたと思われる。

図２　石垣原合戦直前の豊後大名配置図

ところが、大友氏旧臣田《た》原《わら》紹《しょう》忍《にん》・宗像掃部《むなかたかもん》が吉統に合流して石垣原の戦いに加わるという事態になったことで、秀成は苦境に陥った。九月十六日付け松井・有吉宛て秀成書状（「松井」）の一部を引用しよう。

一、私はこのたび東軍として働くつもりだったのですが、何度も申しましたように、多くの人質が大坂にいましたので、一日一日と過ぎてしまい、たいへん無念

＊与力　より有力な武士に加勢、あるいは付属させられた武士のこと。豊臣期には、より有力な大名に近隣の大名が付属させられるケースもあった。

系図２　田原紹忍と大友氏の関係

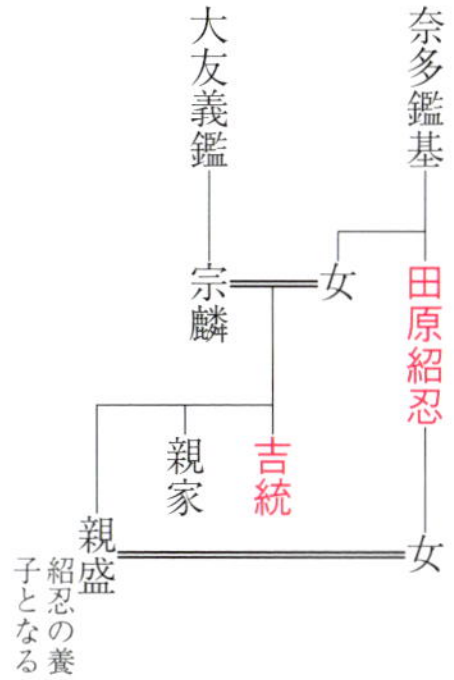

田原紹忍の花押

石垣原合戦絵図■左側には大友軍の陣所（赤矢印①：大友本陣、②：宗像陣所、③：吉弘陣所）、右側には黒田・細川連合軍の陣所（青矢印①：黒田家陣所、②：細川家陣所）が描かれている　大分大学図書館蔵

（右）石垣原古戦場跡・（左）大友吉統本陣跡■大分県別府市

です。このことは、いくら書状で述べても述べたりないほどです。

一、田原紹忍と宗像掃部のことについて、不審に思っておられるのは当然です。両人については、多くの人から注意するように言われていたので、私のほうから人質を出すように命じたのですが、いろいろと理屈を言って、今日・明日には出しますと引き延ばしました。そのようなときに、吉統がまもなくこちらへ下向するという情報が入ったので、さしあたり、人質のことは棚上げにしました。しかし、端から見ると中川氏は上の者も下の者も何を考えているのかわからないだろうと思い、田原らへ妻子とともに岡城下へ移るように行ったところ、先日残らず来られましたので、安心していました。

その後、両人が言うことには、「吉統が下向してきたとのことです。長年仕えてきましたので、一泊でお見舞いに行きたく思います。また、如水様と協議したことがありますので、吉統に会って、その内容もていねいに言いたいと思います」とのことだったので、「まず、こちらへ吉統が来て、談合すべきである」と言ったのですが、それには返事をせず、「一泊して帰ります」と言い残して、濱沖へ行ってしまいました。この状況を、使者に口頭で説明するように言い含めていますので、お聞きください。

一、宗像掃部や吉弘統幸《よしひろむねゆき》をはじめ、大友方の重臣たちを討ち果たされたとのことで、楽勝だったでしょう。さらに、上方では、大津《おおつ》の京極高次《きょうごくたかつぐ》らが家康

吉弘統幸の墓■大友家譜代の重臣で、秀吉による朝鮮出兵の際は、主君の大友吉統とともに朝鮮に渡海する。関ヶ原の戦いでも吉統に従い、石垣原の合戦に参加するが、戦死する。その武勇と壮烈な最期は武士の鑑と讃えられ、吉弘神社に祀られた　大分県別府市

様へ味方されたとのことです。このような状況ですので、まもなく西軍は平定されるでしょう。お手柄をたてられ、うらやましいばかりです。

一条目で、中川氏は一貫して東軍方だったと強調しようとしている。その理由は、二条目で弁解している田原・宗像の大友勢への参加によって、秀成も西軍への荷担が疑われることとなったため、その嫌疑を晴らす必要があったからである。

しかし、秀成の弁明は説得力に乏しい。一泊で吉統に会いに行くという田原・宗像の言動は明らかに怪しく、彼らの行動を十分に警戒すべきであるにもかかわらず、参戦を見逃してしまったとすると、怠慢といわれてもしかたあるまい。田原・宗像は石垣原の戦いで部隊を率いており、単身かけつけたわけではなく、ある程度の兵力を率いていたと考えられる。そうすると、彼らの行動を秀成が察知することは難しくなく、強制的に阻止することも可能だったはずである。秀成には、「未必の故意」があったとみなされる状況であり、西軍荷担を否定できる弁明にはなっていない。

さらに、九月十六日付け如水宛て清正書状（「黒田家文書」、以下「黒田」）には、「田原紹忍・宗像掃部の行為はとんでもないことである。秀成の対応も言語道断なので、昨日（秀成へ）使者を派遣した。その後、夜前に秀成から使者が到来した。すぐに出兵するとして、書状を受け取らなかった。しかし、加藤可重がもう少し穏便にしたほうがよいと言ったので、まず人質を提出せよ、と伝えた」とある。秀成は、同盟関係にあった清正からも疑われる状況に陥ってしまった。

『太平記拾遺』に描かれた大友義統（吉統）■石垣原での敗戦後、家康の命で常陸へ流罪となるが、子孫は江戸幕府で高家として存続する　大分市歴史資料館蔵

＊1　豊州乱記■関ヶ原の戦いの起因に始まり、石垣原の戦い、佐賀関の戦いを経て、臼杵落城に至るまでの豊後国における合戦の模様を描いた軍記類。『戦国軍記事典　天下統一篇』によると、十八世紀半ば以降十九世紀前半までの成立とされるが、著作者は不明。

■中川勢、太田氏領へ進攻■

苦境に陥った秀成は、西軍方大名を攻撃することによって、中川氏が東軍方であることを証明しようとした。その標的となったのが、臼杵の太田氏である。

中川勢と太田勢が衝突した戦闘は、『関原軍記大成』・＊1『豊州乱記《ほうしゅうらんき》』・『太田・中川合戦之記』などの軍記類において、「佐賀関の戦い」として叙述されている。それによると、秀成は九月二十八日、自ら兵を率いて臼杵へ向かった。十月一日には先鋒隊が臼杵城への攻撃を開始したが、失敗に終わった。

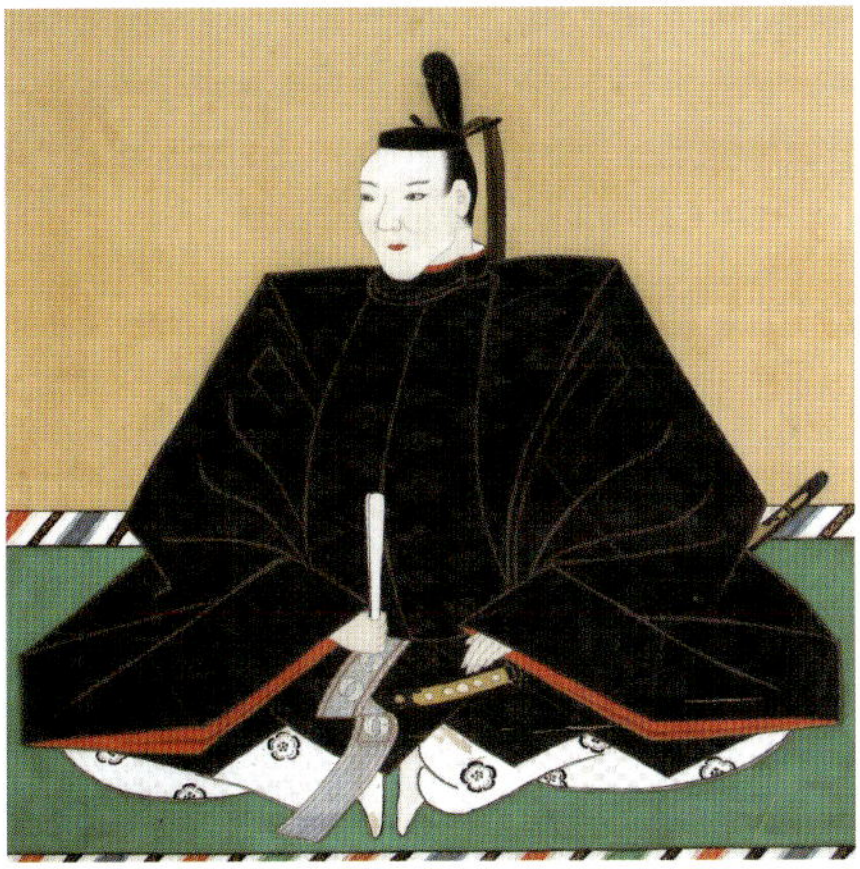

中川秀成画像■大分県竹田市・碧雲寺蔵　写真提供：竹田市立歴史資料館

ちょうどその頃、大坂から下向してきた中川平右衛門らが深江（大分県臼杵市）に到着したが、臼杵攻撃の情報を聞き、佐賀関方面に向かっていた＊2柴《しば》山《やま》勘兵衛らの軍勢と合流して臼杵へ向かおうと考え、佐賀関方面へ移動したところ、十月三日・四日の両日、中川勢を食い止めようとして出撃した太田

＊2　柴山勘兵衛■中川氏家臣。室町期の柴山家は幕府に仕えていたが、幕府滅亡後、勘兵衛の義父了賀（勘兵衛は了賀の娘婿）が中川氏に仕えたとされる。中川氏に仕える以前の了賀は堺に居住していたため、その才覚から船奉行に任じられていたという。

中川氏の居城・岡城跡■秀成は入城後、高石垣の構築をはじめ、大改修をおこなった。滝廉太郎作曲の「荒城の月」のモデルとしても有名　大分県竹田市

勢との間で激戦が展開された。

この佐賀関の戦いに関して、数少ない同時代史料である十月二十三日付け島津忠《ただ》恒《つね》宛て太田美作守（友一、「一成」から改名）・太田一吉書状（「島津家文書」、以下「島津」）を引用してみよう。

ご書状ならびに野村《のむら》狩野介殿・本田《ほんだ》新介殿をお見舞いとして派遣くださり、名誉なことでありがたく思います。誠に、日頃から親しくしていただいているしるしと思います。詳しくはお二方（島津義久《よしひさ》・義弘《よしひろ》）へお知らせします。また、九左衛門を遣わします。いずれも口頭で伝えますので、ご了解ください。そのうえ、豊臣政権の命令に基づく通路留《つうろどめ》をした結果、先手の者が、中川平右衛門・田原紹忍・古田喜太郎・柴屋了賀父子・槇勘右衛門・萱野五右衛門をはじめとして、中川氏の有力な家臣たち、首二百四十余りを討ち捕り、残りの敵勢は捨て置き、または、海へ逃走させましたので、こちらは無事です。ご安心ください。ご援軍については、今後、こちらからお願いいたします。

中川勢で討ち死にした武将のうち、中川平右衛門・古田・柴山了賀・槇・萱野は軍記類によると、大坂から下向してきたとされる者たちである。彼らは中川勢の中核を占めていたと考えられ、下向してきたという軍記類の叙述が正しいとすると、中川氏はある程度の兵力を上方に置いていたことになる。その軍勢が九月末から十月初頭に九州へ到着していることから考えると、関ヶ原での西軍敗北直後に上方か

早吸日女神社■神武天皇の東征の際に蛸（タコ）より授かったとされる神剣を御神体とし、厄除開運の神として信仰を集める。中世九州の武家の興亡を描いた軍記『西治録』によれば、佐賀関の戦いで田原紹忍が下浦の民家に火を放った際、早吸日女神社の神主・社務の家が類焼。これに怒った神主らが田原をはじめとする中川軍に鉄砲を乱射したため、中川軍が総崩れとなったという　大分市

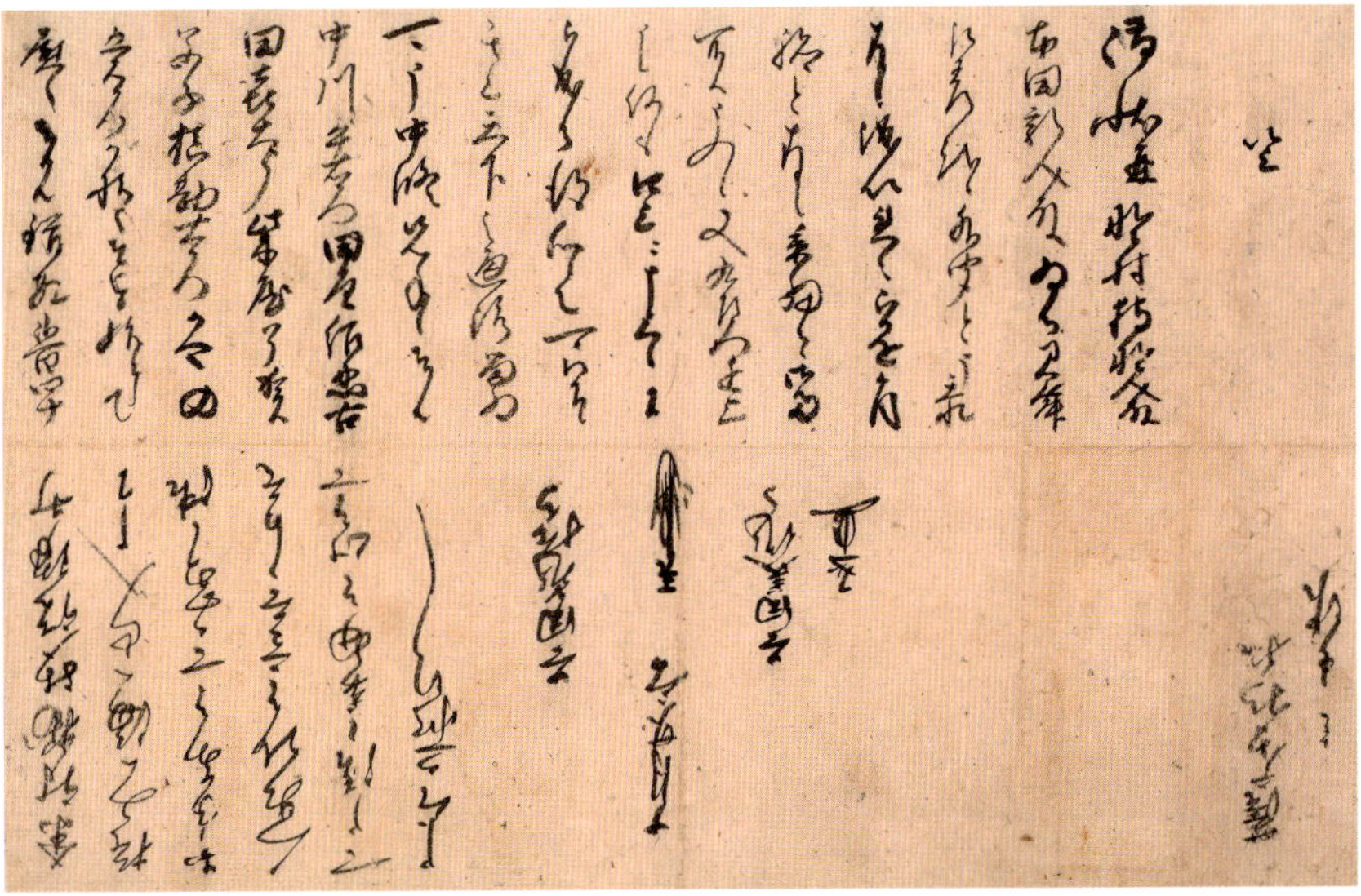

（慶長５年）10月23日付け島津忠恒宛て太田美作守・太田一吉書状■佐賀関の戦いでの戦況を伝える貴重な同時代史料 「島津家文書」 東京大学史料編纂所蔵

図３ 佐賀関の戦いにおける軍勢配置図 ※『佐賀関町史』（1970年）の掲載図をもとに作成

ら逃げ帰ったと推測される。つまり中川氏は、国許において東軍荷担の意思を示しつつ、情勢を見守って積極的に軍事行動を起こすことはなく、上方にも兵を置いて西軍荷担を装うものの、軍事行動には参加しないという曖昧な姿勢をとっていたのである。

さらに、討ち死にした武将の中に、石垣原の戦いに大友方として参戦した田原紹忍が含まれていることは興味深い。田原とともに参戦していた宗像は石垣原で討ち死にしたが、田原は吉統の投降時に戦場から逃亡していた。

軍記類によると、田原は柴山勘兵衛のもとに赴き、自らの行動により秀成に迷惑をかけたことを謝し、臼杵攻撃に加わることで失態を挽回しようとしたとされる。この叙述の真否も定かでないが、秀成を欺いて独断で大友勢に合流したのだとすると、中川氏にとって許しがたい行動で、発見次第に捕縛し、処罰することで家康に対して潔白を主張すべきだろう。ところが、臼杵攻撃に加わることを許したのは、田原・宗像の大友勢への合流が、少なくとも秀成の黙認のもとにおこなわれたことを示しているのではないか。処罰しようとして他国へ逃亡された場合、真相が露見することを恐れて、臼杵攻撃に加え、成功すればその功によって赦免が可能になり、失敗すれば口封じができる。

結果として、秀成の予想をはるかに上回る大敗を喫したが、田原の口封じには成功し、また、大きな損害を蒙ってまで西軍方の太田氏に攻撃をおこなったことで、

宗像大社■全国各地に分布する宗像神社の総本社。代々大宮司を輩出する宗像氏が著名だが、宗像掃部もこの一族出身と考えられる　福岡県宗像市

それ以前に曖昧な行動に終始した失点を回復することにも成功したのである。結局、中川氏は戦後の論功行賞で所領を安堵された。佐賀関の戦いでの犠牲によって、岡藩は廃藩置県まで存続することができたのである。

■島津氏による太田氏援助■

一方の太田氏は、中川勢の撃退には成功したものの、周囲の西軍方大名の降伏・寝返りによって、孤立状態に陥った。その後、十一月十二日付け如水宛て井伊直政《いいなおまさ》*1書状（『黒田』）には、「太田一吉の城を請け取るため、井伊氏家中の者を派遣しましたので、そちらで適切に対応していただくようお願いいたします」とあり、臼杵城は黒田勢によって占領されていたと考えられる。

一吉が臼杵城を明け渡した時期や、明け渡したのちの動向は定かでない。『黒田家譜』には、佐賀関の戦いののち、西軍の敗北を知った一吉が、中川氏には城を明け渡さないが、如水であれば明け渡すと伝えたため、富来城攻撃中の如水に代わって、舎弟黒田兵庫助*2が請け取りに赴いたとある。

しかし、関ヶ原における西軍の敗報が九州へ到達したのは九月二十八日前後と考えられ、佐賀関の戦い以前である。富来城の開城はそれ以前の九月二十四日頃であり、『黒田家譜』の記述の信憑性は低い。一方、『西治録《さいちろく》』*3や『豊州乱記《ほうしゅうらんき》』では、

*1　井伊直政■徳川氏家臣。遠江国井伊谷（静岡県浜松市）を本拠とする国人領主を出自とする。年少期から家康に仕え、徳川氏の関東入部後は上野国箕輪城のち、高崎城主（いずれも群馬県高崎市）。関ヶ原における戦闘においては先駆けとして活躍した。

*2　黒田兵庫助■如水の弟利高を指すとすると、関ヶ原の戦い以前に死没しているため、『黒田家譜』の記述は明確な誤りとなる。利高の子政成を指す可能性もある。

*3　西治録■豊後大友氏の歴史を軸として、中世九州地域の武家の興亡を描いた軍記類。附録に、大友氏の豊後退去、石垣原の戦い、佐賀関の戦い、臼杵開城に関する記事がみられる。著作者不明であるが、『戦国軍記事典　天下統一篇』（和泉書院、二〇一一年）においては、豊後岡城主中川氏の後裔か、岡城周辺に住む学者であろうとされている。

佐賀関の戦いののち、西軍の敗北を知った一吉は夜中に密かに城を捨てて伊予《いよ》へ逃走したとする。

先にみた十月二十三日付け太田友一・一吉書状によると、十月下旬まで臼杵城は無事であり、島津氏からの援軍が検討されている。さらに、十月二十九日付け島津忠恒宛て同義弘書状（東京大学史料編纂所蔵「島津」）には、臼杵へ赴いていた（十月二十三日付け書状）島津氏家臣野村狩野介・本田新介が帰国した後の対応策が記されている。

本田新介・野村狩野介が豊後国から帰国し、その報告を詳しく聞きました。逃れることができないことは大きなことでも小さなことでも、親密にしてきた人がこのような状況にあるときは、頼っていただくべきではないでしょうか。このようなときはしかたないので、頼っていただくほかにはないと思います。お忙しいでしょうが、このような考えをよくよく入念にお聞きいただき、ご談合されて、ご返事ください。そして、かの人の飛脚《ひきゃく》も早々にお返しになるのがよいと思います。

「頼っていただく」としている人が誰なのか明示していないが、本田新介・野村狩野介からの報告に関係する人物であるから、太田一吉と考えてまちがいない。十月八日付け野村狩野介宛て鎌田《かまた》出雲《いずも》守・比志島《ひしじま》紀伊《きい》守（島津氏奉行人）書状写（「旧記雑録《きゅうきざつろく》」）によると、野村とともに鉄砲衆が臼杵へ派遣されており、太田と島

ルイス・ティセラ作「日本図」のうち九州部分■本図は、ポルトガル人宣教師のティセラによって作成されたヨーロッパ初の日本の単体地図である。一五九五年に発刊された『世界の舞台』に掲載された。九州が比較的大きく描かれ、佐賀関（「Xanganoxeqie」）の地名もみえる　九州国立博物館蔵

津氏との連携は軍事同盟となっていた。野村らの帰国は、如水が筑後《ちくご》方面へ転戦したことにより、当面の危機が去ったためと推測できる。

この時点でも臼杵城は開城していないが、筑後立花《たちばな》氏の降伏は間近な状況にあり、立花氏降伏後には東軍方諸大名による臼杵進攻が懸念されていた。そのような危機的状況のなか、義弘書状の趣旨は、太田一吉父子に対して、臼杵を放棄して島津氏領国へ逃れることを提案しようとしたものと考えられる。

窮地に陥っている味方を救おうという義侠心もあったであろうが、大軍による島津氏征討も予想される状況下で、佐賀関の戦いで中川勢を破った勇猛な太田勢に対する軍事的期待もあったのではないか。

しかし、実際に一吉父子が島津氏領国へ逃れたことを示す史料は確認できない。太田氏は十一月十二日以前に臼杵城を開城しており、結局、一吉は島津氏領国へ逃れて徹底抗戦する道ではなく、降伏する道を選んだと考えられる。しかし、一吉は赦免されず、大名の地位を失った。

臼杵城下絵図■臼杵市歴史資料館蔵

第二章 日向宮崎城の攻防

■秋月・高橋・伊東氏の日向支配■

関ヶ原の戦い時に、日向《ひゅうが》国に所領を与えられていた大名は、秋月・高橋・伊東の三氏と島津氏（佐土原《さどわら》城主島津豊久《とよひさ》、島津宗家《そうけ》領）である。このうち、島津氏の動向については、先行研究〔山本一九九七〕を参照していただきたい。

秋月・高橋両氏は渡来《とらい》氏族である大蔵《おおくら》氏の一族とされ、戦国期には筑前《ちくぜん》・豊前国を支配領域とする有力な国人領主だった。豊臣政権による九州征討時の当主は、それぞれ秋月種実《たねざね》・高橋元種《もとたね》であるが、このうち、元種は高橋鑑種《あきたね》の養子で、実父は種実（あるいは種実の弟）とされる。豊後大友氏庶家の一万田《いちまだ》家から高橋氏に入嗣《にゅうし》*1していた鑑種は、永禄《えいろく》五年（一五六二）、安芸毛利《あきもうり》氏によしみを通じて大友氏から離反《りはん》した。しかし、永禄十二年に毛利氏が筑前立花山《たちばなやま》城（福岡県新宮町）から撤退すると、宝満《ほうまん》・岩屋《いわや》城（ともに福岡県太宰府市）を大友氏に明け渡し、豊前企救《きく》郡の小倉《こくら》城（同北九州市）に移った。その後、田川《たがわ》郡へ進出して、本拠を小倉城から香春岳《かわらだけ》城（同香春町）に移したという。また、秋月氏は筑前国古処山《こしょさん》城（福岡県朝

豊前国小倉城絵図■国立公文書館蔵

＊1　入嗣■他家から家の後継者として入ること。

倉市）を居城としていた。

なお、鑑種が撤退した後に、高橋氏を継承して宝満・岩屋城主となったのが、大友氏家臣吉弘鑑理《あきただ》の子鎮理《しげただ》（高橋紹運《じょううん》）で、第三部第二章でとりあげる立花宗茂《むねしげ》[*2]（関ヶ原の戦い当時は親成《ちかなり》を名乗る）・高橋重種《しげたね》（立花直次《なおつぐ》）は紹運の子である。

天正十四年（一五八六）の九州征討当初、種実・元種は島津氏に与したが、島津氏の降伏に先立ち豊臣政権に降伏したため、秋月・高橋両氏は大名としての存続を許された。しかし、現に支配していた所領は没収され、島津氏が支配していた日向国へ国替えされた。その後、秋月種実は文禄五年（一五九六）に死没しており、関ヶ原の戦い当時の当主は嫡子種長《たねなが》である。

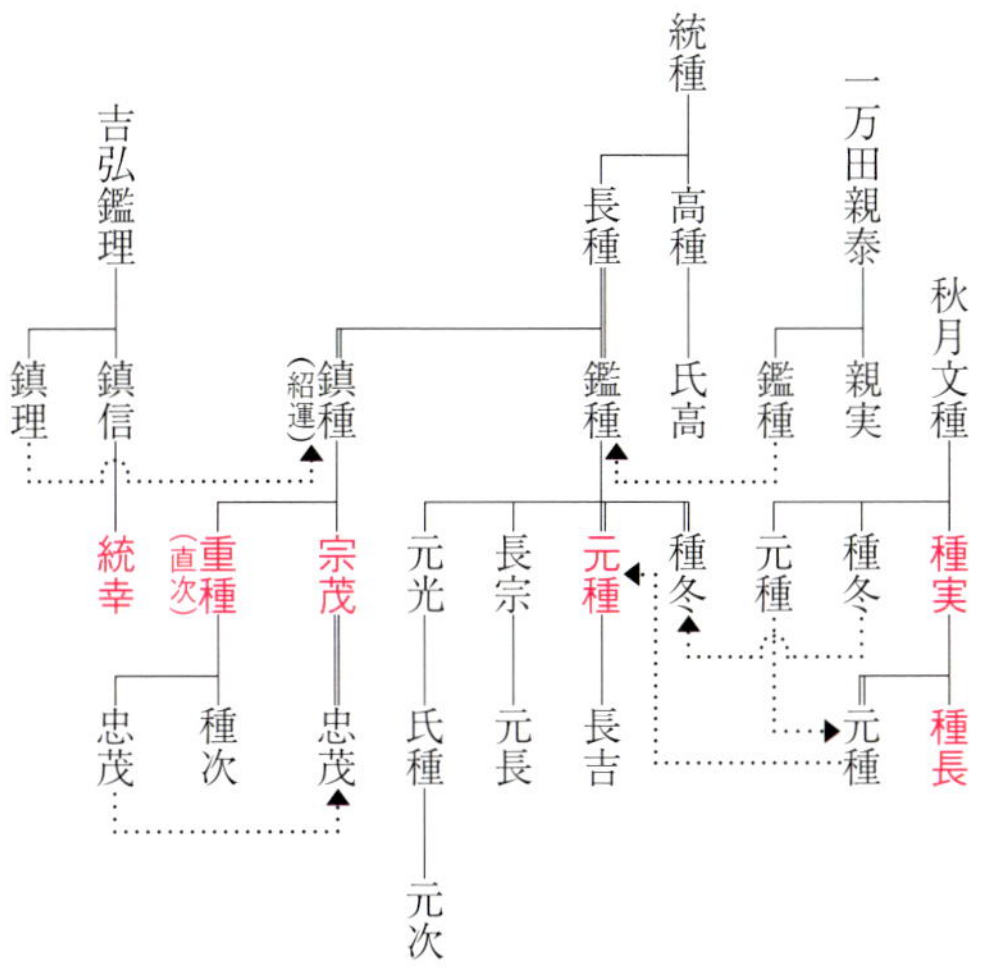

系図３　秋月・高橋氏関連略系図

伊東氏は伊豆《いず》国伊東庄（静岡県伊東市）が本貫《ほんがん》[*3]だったが、源頼朝《みなもとのよりとも》の近臣として活躍した工藤祐経《くどうすけつね》[*4]が日向国で地頭職《じとうしき》を与えられ、その後、南北朝期に西遷《せいせん》してきたとされる。都於郡《とのこおり》城（宮崎県西都《さいと》市）や佐土原城（宮崎市）を本拠として、日向国

＊2　立花宗茂■大友氏家臣期には「統虎」と名乗っていたが、朝鮮への渡海前に「宗虎（乕）」、文禄二年八月以前に「正成」、文禄四年に「親成」へ改名した（「成」は石田三成の偏諱と考えられる）。さらに、江上合戦ののち、慶長五年十一月上旬には「政高」を名乗っているが、同月下旬には「尚政」へ改名している。その後の改名を経て、著名な「宗茂」を名乗るのは慶長十五年以降である（本書では「宗茂」で統一する）。

＊3　本貫■氏族集団の発祥の地。

＊4　工藤祐経■平将門討伐に活躍した藤原為憲の子孫で、伊豆国伊東庄を本貫とする伊豆伊東氏一族。源頼朝の近臣として活躍し、日向国において地頭職を与えられたが、同族の曽我兄弟（祐成・時致）の仇討ちによって、殺害された。

図4　日向国における秋月・高橋・伊東氏らの支配領域

山東《さんとう》地域を支配下におく戦国大名となったが、義祐《よしすけ》の代になると島津氏に圧迫され、天正五年、大友氏を頼って日向国から退去し、伊東氏による日向国支配はいったん終結した。その後、天正六年に大友氏が耳川《みみかわ》の戦*いで島津氏に敗れると、義祐は大友氏領国からも退去して、伊予国の河野《こうの》氏を頼ったという。

義祐の三男とされる祐兵《すけたか》も、義祐とともに伊予国へ赴いたのち、天正十年の山崎《やまざき》の戦いまでに秀吉に召し抱えられたとされ、九州征討における軍功によって、故地日向国への復帰を認められた。

秋月・高橋・伊東三氏の支配領域は、天正十六年八月四日（「高橋家伝来武家書状集」）・五日（「高鍋町歴史総合資料館所蔵文書」「伊東祐帰氏旧蔵文書」）付けで出された秀吉朱印知行方目録（一部は写）によって明らかになる。秋月氏が新納院《にいろいん》（児湯《こゆ》郡）、櫛間《くしま》（那珂《なか》郡）および諸県《もろかた》郡のうち木脇《きわき》など、高橋氏が土持《つちもち》院など臼杵《うすき》・児湯・宮崎・諸県郡の一部、伊東氏が飫肥《おび》・南郷《なんごう》など那賀・宮崎郡の一部である。とくに伊

系図4　伊東氏略系図

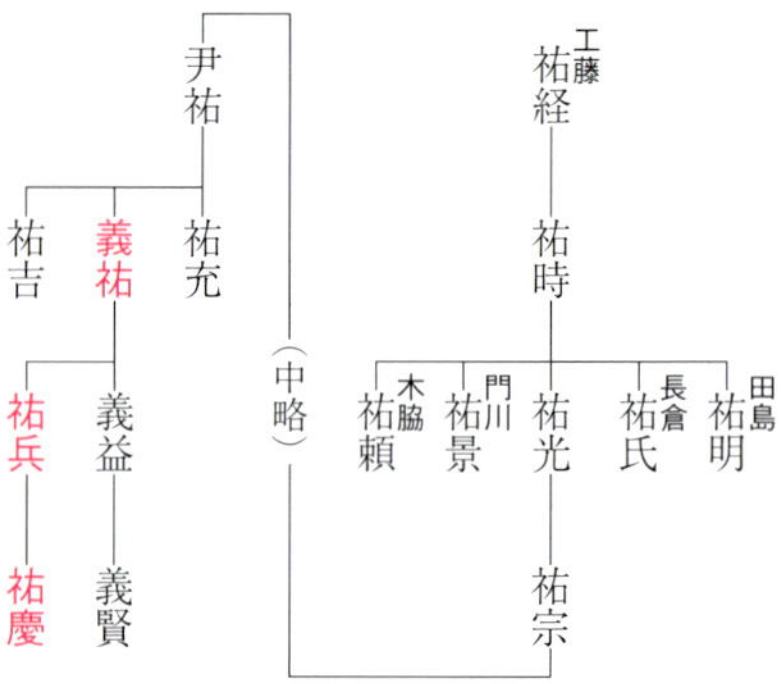

*耳川の戦い■島津方の日向高城を包囲する大友軍と、救援に駆けつけた島津義久・義弘軍が衝突した戦い。大友家臣・田北鎮周の独断行動などにより、大友軍は多数の戦死者を出し、敗北した。

東氏にとっては、かつて支配していた地域の一部を回復したにすぎないという不満があったと推測される。

　各大名の居城は、秋月氏が高鍋《たかなべ》（宮崎県高鍋町）のちに櫛間（同串間《くしま》市）、高橋氏が縣《あがた》（同延岡《のべおか》市）、伊東氏が飫肥（同日南《にちなん》市）で、関ヶ原の戦い当時の石高は秋月氏が三万石、高橋氏が五万三千石、伊東氏が約五万石とされる。

伊東氏が家康に内通したのは事実か

　西軍に荷担した秋月・高橋氏は、関ヶ原での戦闘時、石田三成ら西軍の主力が関ヶ原へ転戦した後も大垣城に残って、三の丸を守備していた。一方、伊東氏は西軍から離反した京極高次の籠城する大津城攻撃に加わったが、早くから家康に内通していたとされる。その主たる根拠は、『日向記』や『日向纂記』である。

　しかし、比較的成立年代の古い『日向記』でさえ、同時代性の高いものから低いものまで混合されており、伊東氏の正統性を示す意図で編纂された史料である

伊東祐兵画像■日南市教育委員会蔵

飫肥藩伊東氏の居城・飫肥城旧本丸の枡形虎口■宮崎県日南市

徳川家康画像■埼玉県行田市・忍東照宮蔵　写真提供：行田市郷土博物館

ことから、収載されている古文書についても史料批判が必要とされている〔宮地二〇一二〕。したがって、『日向記』や『日向纂記』にある関ヶ原の戦い前後の叙述についても検証が必要である。

　まず、伊東氏が内通していたとする点を検証しよう。

　『日向記』では、慶長四年（一五九九）初春の家康と三成・前田《まえだ》利家《としいえ》らとの対立時に、祐兵は朝鮮侵略時から三成の「邪佞《じゃねい》」[*1]を憎んでいたので、家康に内通したいと、黒田長政を通じて井伊直政から家康へ言上し、それ以来、伊東氏は家康の「無二御味方」であったとされる。しかし、朝鮮渡海時に祐兵が三成と対立したことを示す史料は確認できない。三成は伊東氏の日向復帰以降、一貫して取次《とりつぎ》役を担っており、伊東氏が豊臣政権下における大名としての地位を保全するために、最も頼りとしてきた人物と考えられる。

　慶長五年の会津征討時の対応に関する叙述にも、不自然な点がみられる。『日向記』は、祐兵は四月に上洛していたが、会津征討には加わらず、反徳川《とくがわ》闘争決起の

現在の江戸城の桜田濠■関ヶ原の戦い当時、徳川家康の居城だった。勝利後、この地で征夷大将軍に就任し、江戸幕府を開くことになる　東京都千代田区

*1　邪佞■心がよこしまで、人にへつらうこと。三成は江戸期に成立した軍記類において、さまざまな讒言を秀吉に伝えたとされるが、事実とは異なるケースが多いと考えられる。

のち、家康に内通しようと考え、如水に相談して嫡子祐慶《すけのり》を下国させたとする。さらに、家康に対しても使者を送り、家康からも七月十九日付けで返報があったとしている。その返報とされる家康書状写が「伊東系譜」に収載されているが、＊2正文《しょうもん》は確認できない。

各大名家などから文書類を提出させて編纂された『寛永諸家系図伝《かんえいしょかけいずでん》』には、祐兵へ宛てられた家康文書が数点収載されているが、七月十九日付けのものは収載されていない。内容は、家康の下国に対する見舞いだが、『日向記』などでは、関ヶ原の戦い以前から家康に内通していたことを示す文書として叙述されており、幕藩体制下における飫肥藩の正統性を証するためには、幕府へ提出する必要のある文書である。にもかかわらず、この文書が収載されていないことは、偽作された可能性を否定できない。祐兵から家康への使者派遣が事実だとしても、反徳川闘争決起以前に派遣されたことになり、一連の戦い当初から家康に内通していたことを示すものでは

石田三成画像■東京大学史料編纂所蔵模本

＊2　正文■写しや控えに対し、そのもととなる正式な文書を指す。

石田三成の居城・佐和山城跡■滋賀県彦根市

ない。

また、「伊東系譜」に収載された十月二日付け祐兵宛て家康書状写には、「このたび、あなたがこちらに敵意がないことは聞き届けました。あなたは病気なので、九州の国許へ使者を派遣され、相良・秋月・高橋氏と相談して、薩摩《さつま》島津氏への進攻を申し付けます」とある。この文書は、『寛永諸家系図伝』にも収載されているが、正文は確認できないため、偽作の可能性がある。ただ、仮に内容が事実を反映しているとしても、家康との良好な関係をうかがわせるものとはいえるが、関ヶ原の戦い以前から内通していたことを証明するものとはいえない。

一方、『日向纂記』では、当初から東軍に荷担するつもりであったにもかかわらず、会津征討に加わらなかった不自然さを解消するためか、祐兵の大坂到着時期を六月末として、家康の会津征討に向けての出立に間に合わなかったとしている。その後、決起の情報を知らせるために使者を送ったとし、その返報である七月十九日付け家康書状を引用しているが、使者の派遣時期と反徳川闘争決起時期との矛盾は解消されていない。

祐兵の真意はさておき、実際には大津城の攻撃に伊東勢は加わった。『日向記』や『日向纂記』は、軍事力に劣る伊東氏にとって、出兵要請に逆らうことはできず、やむをえず加わったとしている。なお、祐兵は『日向記』・『日向纂記』ともに七月十四日から病気になり、大津城攻撃には伊東与兵衛らを派遣したとする。発病した

大津城絵図■京極高次が籠城した当時の様子を想定して描かれたもの。四万の大軍勢に包囲されるが、四千の籠城兵で九日間もちこたえたという　丸亀市立資料館蔵

とされる七月十四日は三成らが決起した直後であり、発病時期に不自然さは残るが、祐兵は十月十一日に大坂で死没しており、病気は事実であった可能性が高い。また、大津城攻撃に向かった与兵衛らは討ち死にしており、祐兵の内通を悟られないようにするためだったとされるが、飫肥藩の主張を除くと、家康への内通を客観的に立証する史料は現時点で確認できない。

西軍に荷担したが、江戸期に大名として存続を許された大名にとって、関ヶ原の戦い以前から家康とは親密で、東軍に荷担するつもりだったと主張すること、その傍証として西軍を主導していた三成に対する嫌悪感を強調することが、幕藩体制下における正統性の根拠となった。この点に留意すると、『日向記』や『日向纂記』のほか、『寛永諸家系図伝』やその後に編纂された『藩翰譜《はんかんふ》』・『寛政重修諸家譜《かんせいちょうしゅうしょかふ》』などの家譜類・歴史書の叙述・記述に沿って、伊東氏の家康への内通を疑いない事実と考えるべきではないのである。

■宮崎城攻略の背景■

まず、『日向記』に記された戦闘の経過をみていこう。

九月二十一日に如水からの使者が伊東氏領の清武《きよたけ》（宮崎市）に到着したほか、伊東氏家臣稲津《いなづ》掃部《かもん》が使者を派遣して如水に助言を求めるなど、伊東氏の国許におい

伊東家廟所■飫肥藩主伊東氏の菩提寺・旧報恩寺の裏手にある。中央の一基が、初代藩主・祐兵の墓　宮崎県日南市　写真提供：日南市教育委員会

ても東軍に荷担する方針で準備が進められていたが、どのような軍事行動をとるか意見が分かれていたとされる。

そのようななか、二十四日に祐兵の子祐慶が帰国して祐兵の意向が伝えられ、西軍に荷担する高橋氏領の宮崎城（宮崎市）を攻略し、さらに島津氏領へ進攻することに決した。伊東勢三千余は、九月晦日の夜に清武を出陣して宮崎城を攻撃した。宮崎城を守備していた高橋氏家臣権藤平左衛門尉らは奮闘したが、十月朔日の明け方に宮崎城は落城し、権藤らは討ち死にした〔田代二〇〇二〕。

このような経緯を証明する史料として、『日向記』には五通の如水書状写が収載されている。

①（慶長五年）九月二十八日付け、伊那掃部・長倉三郎兵衛・伊那因幡《いなば》宛て
②（慶長五年）十月十九日付け、伊那掃部宛て
③日付欠、御奉行中宛て
④（慶長六年）二月二十日付け、伊東左京（祐慶）

攻防の舞台となった宮崎城跡の空撮■宮崎市　写真提供：宮崎市教育委員会

宛て

⑤（慶長六年）四月四日付け、伊那掃部宛て

いずれも正文を確認することはできず、如水の働きを誇張するために偽作された可能性も否定できない。一方、宮崎城の戦いに関する同時代史料「島津家文書」に、次のような文書がある。日付は十月十九日。伊東氏の家臣長倉三郎兵衛尉兵国《たかくに》から、島津氏一門北郷《ほんごう》家の家老とされる小杉丹後守へ宛てたものである。

貴殿が回復されたのちは、とくに用事がなかったのでご連絡しませんでした。さて、上方での戦闘について、家康様が勝利されたので、祐兵は家康様に対して忠儀を示そうと考え、宮崎城を攻撃しました。そこで、島津殿は家康様とのご遺恨が深いと聞いています。北郷家があの方と対立していないことは知っていますが、このような大混乱の状況では、あれこれと才覚をめぐらせて、北郷家のためになることをすべきですので、もし、家康様へ与することをお考えでしたら、いろいろと仲介いたします。近年、何かとありましたが、隣国ですので言上いたします。

傍線部を字義どおりに解釈すると、関ヶ原で東軍が勝利したことをうけて、伊東氏は家康への忠誠を示すために西軍方の高橋氏領へ進攻したことになる。すなわち、合戦前から家康に内通していたとする江戸期飫肥藩の主張は揺らぐ。家康への仲介に説得力を持たせるためには、合戦前から内通していたことを強調したほうが効果

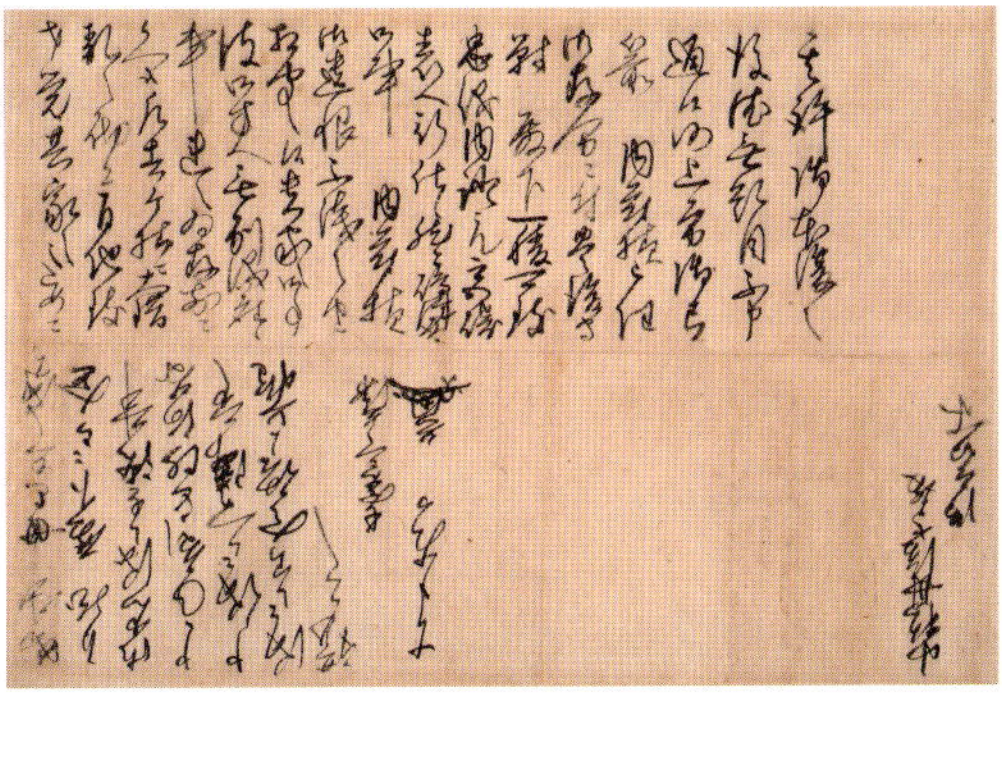

（慶長五年）十月十九日付け小杉丹後守宛て長倉兵国書状■「島津家文書」東京大学史料編纂所蔵

的であるにもかかわらず、合戦前からの内通をうかがわせる文言はない。
第二部第二章で引用する十月十三日付け*1加藤重次《かとうしげつぐ》宛て加藤清正書状（熊本県立美術館寄託）によると、肥後《ひご》加藤氏との和解を試みた伊東氏に対して、清正は拒絶の意向を示しており、少なくとも清正は伊東氏が合戦前から家康に内通していたことを認識していない。

また、大垣城における高橋氏らの東軍への寝返りは同月十七日。関ヶ原での戦闘の二日後であり、両戦闘の情報は二日程度の時間差で九州へ到達したと考えられる。関ヶ原における戦闘の情報が九州へ到達したのは二十八日頃。『日向記』の叙述のとおり、伊東勢が同月晦日に高橋氏領へ進攻したとすると、東軍勝利の情報に接した伊東氏が、高橋氏の寝返りを知らずに西軍であると誤認して攻撃したことになる。そうすると伊東氏の行動は、隣接する西軍荷担大名領を攻撃することによって、西軍荷担による改易の危機から脱するとともに、旧領を回復するという目的をもっていたと考えられる。

高橋氏寝返り情報の到達時期を考えると、宮崎城攻略は『日向記』などの叙述のとおり短期間で決着したと考えられ、その要因は、伊東氏の国許に残留している兵力が、高橋氏の国許に残留している兵力を大きく上回っていたためであろう。秋月氏も高橋氏同様に大半の兵力は上方にあったと推測される。

なぜ、伊東氏のみ国許に多くの兵力を残していたのであろうか。推測になるが、

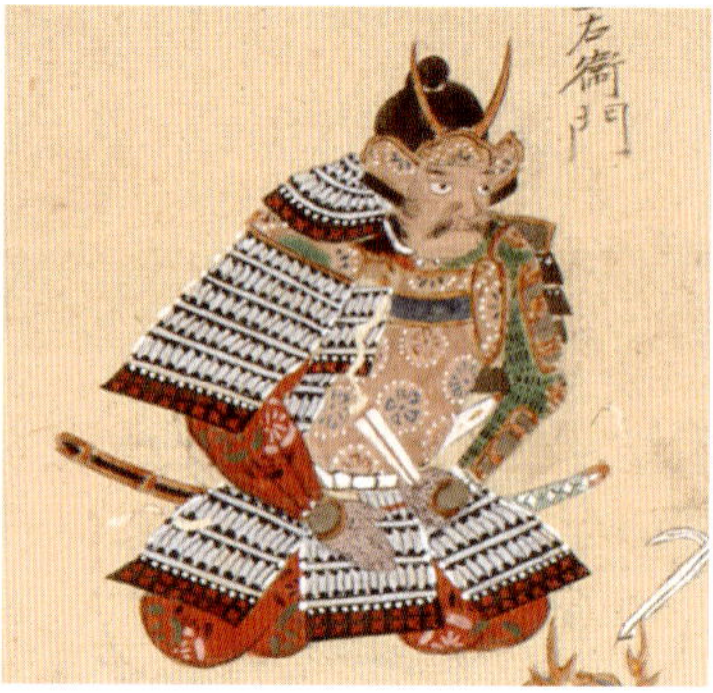

*1 加藤重次■肥後加藤氏家臣。近江国甲賀の領主渋谷氏を出自とするとされる。はじめ佐々成政に仕えていたが、成政の改易後に清正に仕えて、加藤を賜姓された。関ヶ原の戦い当時には、佐敷城に在番していた。右は、「加藤清正并十六将図」（名古屋市秀吉清正記念館蔵）に描かれた重次。

*2 仇敵である島津氏■伊東祐兵の父・義祐は、元亀三年（一五七二）の木崎原の戦いで島津氏に大敗を喫すると、要の城が島津氏によって次々と攻略されていく。天正五年（一五七七）、ついに本拠・佐土原も追われ、義祐・祐兵父子らは豊後へ落ちることになる（伊東崩れ）。

隣接する島津氏も国許に多くの兵力を残しており、同じ西軍に荷担しているとはいえ、*2仇敵《きゅうてき》である島津氏の動向に備える必要があったからと考えられる。そのような準備が、結果的に宮崎城攻撃において有利に働いたのである。

次に、伊東氏が如水の助言に従い行動したされる点について検証してみよう。

北郷家にも如水が西軍に荷担した大名領へ進攻していたことは伝わっていたと考えられ、如水との連携を明示することは、北郷家を調略するための有効な手段であったと推測できる。しかし、十月十九日付け長倉兵国書状には、如水の助言に従って行動していることをうかがわせる文言はない。如水との連携が皆無であったと断定することはできないが、伊東氏の宮崎城攻撃は、如水の指示どおりに動いたものではなく、家を守るための自主的な判断であった蓋然性が高い。

■未完に終わった伊東氏の旧領回復運動■

『日向記』によると、宮崎城を攻略した伊東勢は次の目標

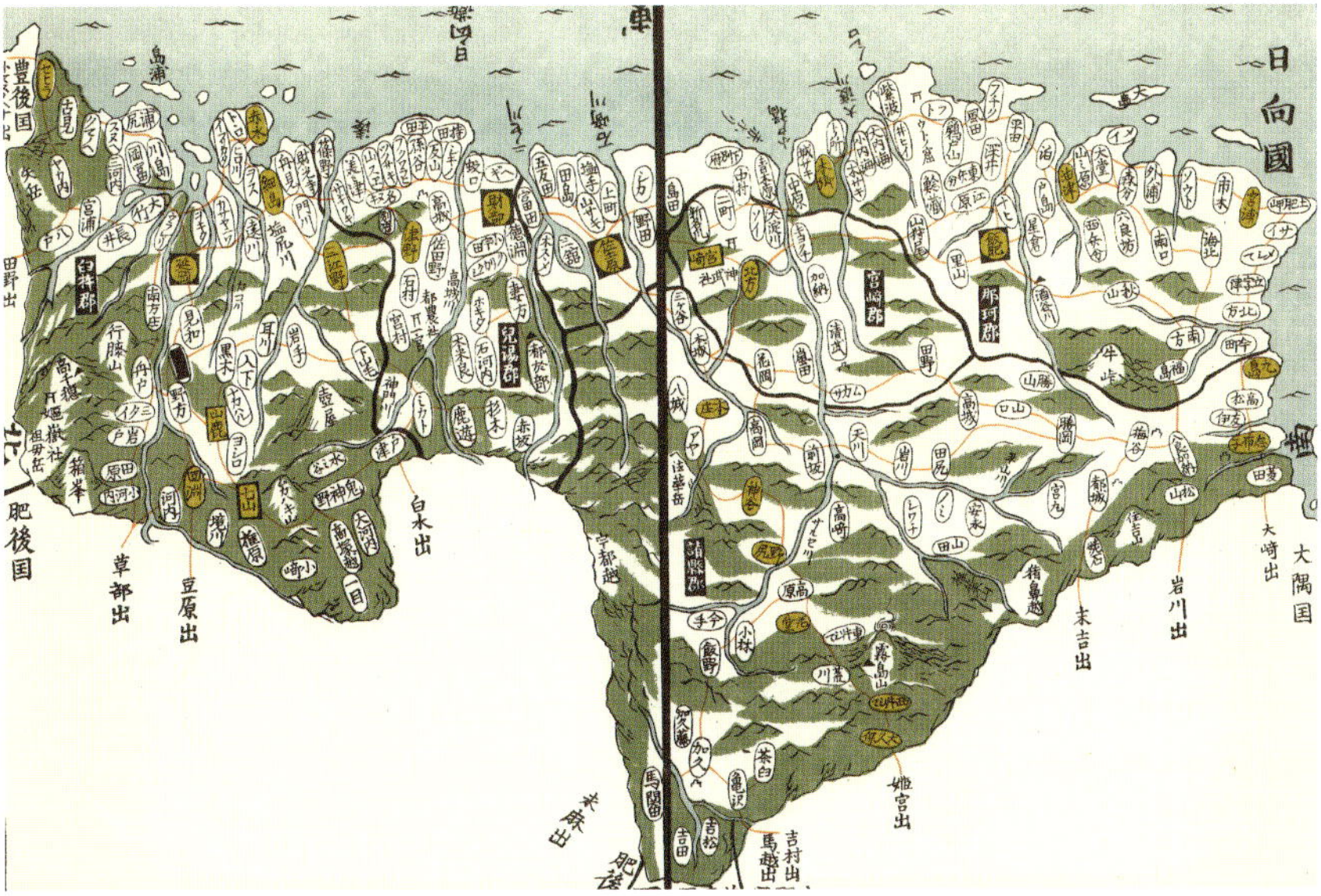

近世に描かれた日向国絵図■東を上にして描かれており、中央に宮崎や「ホキタ」（穂北）、右側に「飯肥」（飫肥）の地名がみえる　当社蔵（以下※）

を島津氏領に定め、十月三日の戦闘を皮切りに、翌年五月に伊東・島津間で講和が成立するまで、再三にわたって、日向国各地で戦闘がくり広げられたという。

伊東・島津間の戦闘に関する同時代史料として、年月日欠の島津義久《よしひさ》書状案と考えられる文書（「島津」、追而書《おってがき》を引用）があげられる。

上方《かみがた》の家康から、私に上洛するように命令がありました。そうしたいのですが、伊東氏から戦争をしかけられ、その鎮圧のために在国しておりますので、この状況を放置して上洛することはできません。どうにかして、よいころあいに上洛するつもりだと申し上げました。

本文に、井伊直政・＊山口直友《やまぐちなおとも》からの使者が来たとあるので、慶長五年（一六〇〇）の十一月頃に比定できる。宮崎城を攻略した後、伊東勢が島津氏領へ進攻したことを示す史料である。家康への忠誠心を示すために宮崎城を攻略したものの、攻略した時点で宮崎城は東軍方の城郭となっていた。伊東氏は敵方の城郭を攻略したのではなく、味方を攻撃したにすぎなくなってしまったのである。その失態を挽回するためには、明確な敵方の所領に進攻する必要があった。また、この時点で島津氏が支配している日向国内の領域には、佐土原（西都市）など伊東氏旧領が含まれており、それらの所領を回復するという狙いも伊東氏にはあったのである。

これに対して、島津義久は家康からの上洛命令を、伊東氏との戦闘が継続中であることを理由に断っている。軍事力上は島津氏優位と考えられるが、東軍の勝利が

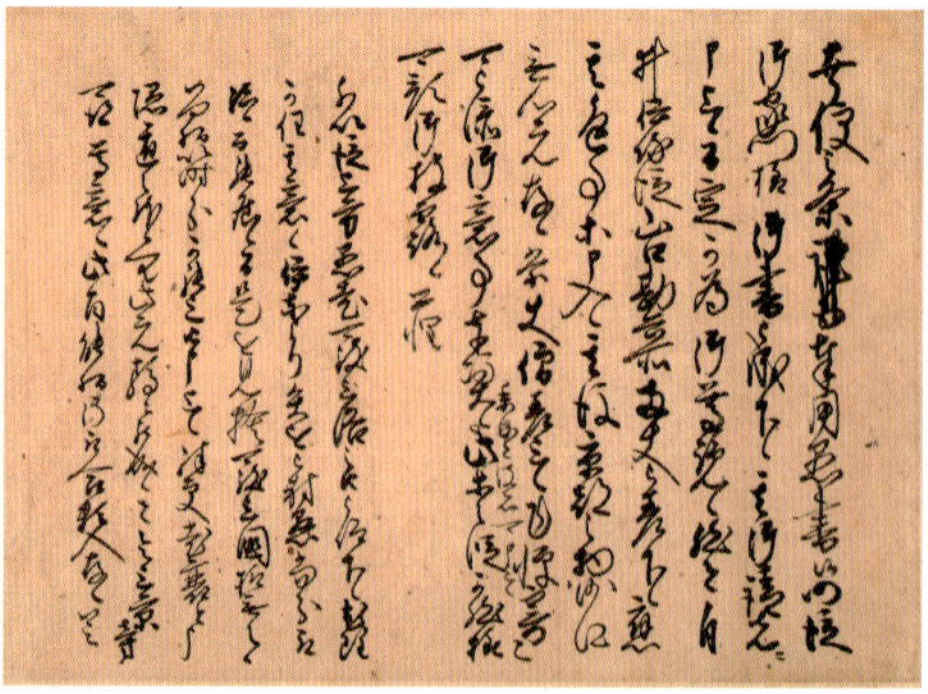
（年月日欠）島津義久書状案■「島津家文書」東京大学史料編纂所蔵

＊山口直友■徳川氏家臣。関ヶ原の戦い以前には家康の近習として活躍。関ヶ原の戦いののち、丹波郡代、伏見城定番を歴任し、大坂の陣ののちには、伏見町奉行も兼任した。

確定的である以上、島津氏にとっても東軍方の大名との戦闘は最小限にとどめる必要がある。その結果、専守防衛的な軍事行動になり、伊東勢を殲滅する作戦をとることはできなかった。

さらに、東軍へ寝返った高橋氏も島津氏に対して戦闘準備に入っていた。十一月十三日付けの島津忠恒《ただつね》宛て島津義弘《よしひろ》書状（「島津」）を抜粋する。

> 談合のために、そちらへ来られるとのこと、たいへんでしょうが、島津氏が危機的な状況を迎えていますので、知恵を絞るときは今です。日向方面について心配しています。その理由は、穂北《ほきた》城を高橋氏が普請《ふしん》しているという情報を聞いたからです。それが事実であれば、佐土原城における在番衆を増強するなど、準備を進めなければなりません。

伊東氏とは異なり、高橋氏と島津氏とは戦国期以来、友好的な関係にあった。しかし、大垣城で東軍に寝返った高橋氏にとっても、家康への忠誠心を示す必要に迫られており、敵方となった島津氏との戦闘も視野に入れていた。このため、日向国内の島津氏領（関ヶ原で討ち死にした豊久《とよひさ》の領地）佐土原に隣接する穂北城（宮崎県西都市）を整備して、戦闘に備えたのである。穂北城の発掘調査報告（宮崎県教育委員会一九九二）では、虎口《こぐち》の構成などに一歩進んだものを認めてよいとされ、慶長五年に普請がおこなわれていることの傍証となる。

結局、島津氏と高橋氏との間で直接の軍事衝突があった事実は確認できない。高

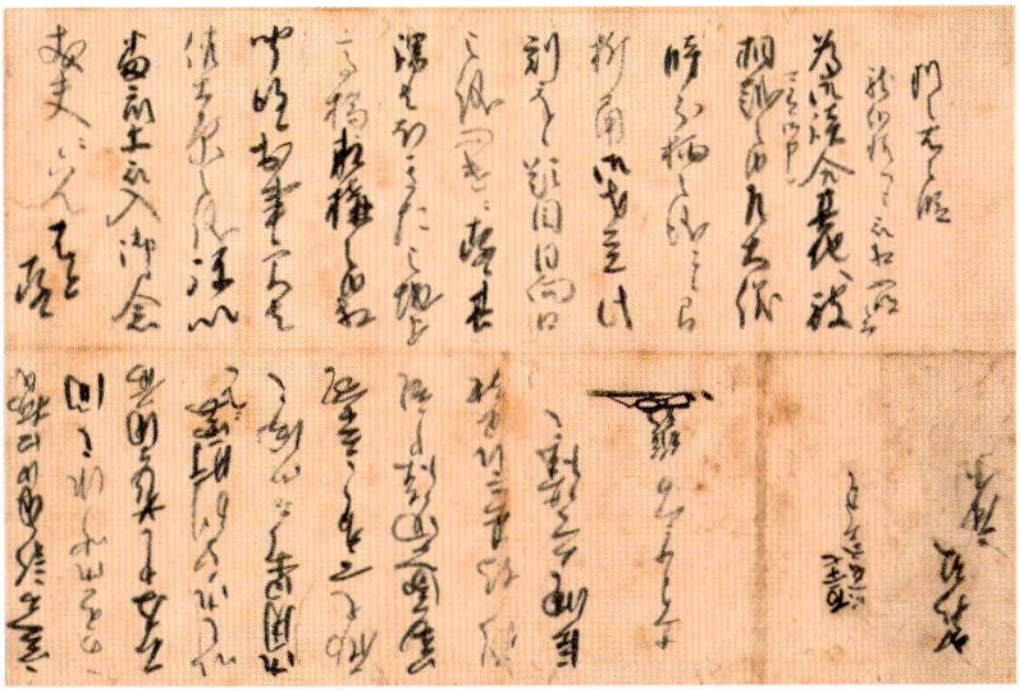

（慶長五年）十一月十三日付け島津忠恒宛て島津義弘書状 「島津家文書」東京大学史料編纂所蔵

橋氏の場合、島津氏との友好関係を重視して、積極的な進攻策は採らず、防御を固めることに専念したと考えられる。

秋月氏の場合、東軍に寝返った後も島津氏との友好的な関係を維持している。十月下旬から再三にわたり使者を島津氏へ派遣しているが、その目的は徳川氏と島津氏との講和の仲介にあったと考えられる。

結局、島津忠恒が慶長七年八月に上洛することで、島津氏と徳川氏との講和が正式に成立したのであるが、講和交渉の始まった慶長五年の年末になると、日向国内における戦闘に関する同時代史料は確認できなくなることから、講和交渉の開始にあわせて、伊東氏などに対して軍事行動を禁じる命令が家康から出された蓋然性が高い。このようにして、伊東氏の旧領回復のための軍事行動は未完に終わったのである。

高橋氏による普請がおこなわれた穂北城跡の空撮■宮崎県西都市　写真提供：西都市社会教育課

第二部　加藤清正と相良頼房の野望

三成との犬猿の仲や家康との親密さから、当初から東軍に属したとされる肥後熊本の清正。やむをえず西軍に荷担したが、関ヶ原の戦闘以前から家康に内通していたという肥後人吉の頼房。これらの通説を同時代史料から見直していく。

加藤清正画像■東京大学史料編纂所蔵模本

第一章　家康から警戒された清正

■関ヶ原の戦い時における肥後国の大名配置■

島津氏降伏後の＊九州国分《きゅうしゅうくにわけ》によって、肥後国には佐々成政《さっさなりまさ》が入部《にゅうぶ》したが、天正十五年（一五八七）七月頃から領内で国衆一揆《くにしゅういっき》が勃発した。翌年初頭までに一揆は鎮圧され、責任を問われて改易された成政に代わって入部したのが、加藤清正と小《こ》西行長《にしゆきなが》である。清正の支配領域は、山鹿《やまが》・玉名《たまな》・菊池《きくち》・阿蘇《あそ》・合志《こうし》・山本《やまもと》・詫麻《たくま》・飽田《あきた》・芦北《あしきた》の九郡内で、石高約十九万五千石。居城は熊本《くまもと》城（熊本市）。行長の支配領域は益城《ましき》・宇土《うと》・八代《やつしろ》・天草《あまくさ》の四郡で、おおよそ十四万六千石前後と推測されている〔島津二〇一〇〕。居城は宇土城（熊本県宇土市）であった。

清正・行長の入部にあたり、秀吉は清正に対して行長とよく相談して肥後国を共同統治するように命じた。両者の並列関係は朝鮮侵略時にも維持されている。このような並列関係は、切磋琢磨して両者が向上していくという効果を生み出す一方で、清正と行長に過度のライバル意識を抱かせることになった。

成政入部の際、球磨《くま》郡の領主相良頼房《さがらよりふさ》は、成政の与力《よりき》として所領を安堵された。

佐々成政画像■富山市郷土博物館蔵

＊九州国分■天正十五年（一五八七）五月に島津氏が豊臣秀吉に降伏したのちに実施された、九州地域の所領分配のこと。

相良氏は遠江国相良庄（静岡県相良町）を拠点としていた豪族で、鎌倉初期に頼景《よりかげ》が多良木《たらき》（熊本県多良木町）に所領を獲得し、頼景の子長頼《ながより》が人吉庄《ひとよし》（熊本県人吉市）地頭に補任され、以降、球磨郡に勢力を伸ばしたとされる〔熊本県立美術館二〇一五〕。戦国期の義滋《よししげ》・晴広《はるひろ》の代に全盛期を迎え、球磨・芦北・八代の三郡に支配領域を広げた。しかし、島津氏の進攻で天正九年に島津氏へ従属し、支配領域は球磨一郡に縮小していた。

九州征討の際、当初は島津方だったが、秀吉自身が出陣すると、宿老深水宗方《ふかみそうほう》を通じて降伏を申し出て、球磨郡を安堵された。成政の改易後、朝鮮侵略当初は清正の軍事編成下に置かれた一方で、石田三成が取次を務めており、特定大名の与力としての性格は薄まり、独立大名として処遇されるようになっていった。石高は二万石程度〔丸島二〇一〇〕、居城は人吉城である。

図５　加藤清正・小西行長の肥後国分け図

隈本古城跡に残る石垣■佐々成政が切腹した後、加藤清正が入城。慶長十二年（一六〇七）に新城（熊本城）が築かれた際に、二ノ丸の一部となる　熊本市

なぜ清正は会津征討に参加しなかったのか

会津征討時の清正の動向について、『清正勲績考《きよまさくんせきこう》』*1には、

家康が会津征討を計画したところ、石田三成や奉行衆が家康の留守中に決起するとして、清正は家康の代わりに自らが細川・福島《ふくしま》（正則《まさのり》）・黒田・池田（輝《てる》政《まさ》）らとともに会津に赴くことを提案した。しかし、家康は計画を変更せず、清正に対して「帝都（京都）の守備を任せて、伏見《ふしみ》城の在番を頼もうと思ったが、西国大名がすべて敵となれば、九州がとくに心もとない。そこで、急いで肥後へ帰国して九州を平穏に保つことをぜひともお願いしたい」と依頼した。

とある。

この叙述を裏付ける史料と考えられてきたのが、①五月十七日付け島津忠恒宛て島津義弘書状（「島津」）、②七月二十一日付け如水宛て清正書状（「田中家文書」）である。①には「加藤清正殿はこのたび会津征討に参加することを希望されたが、家康の留守中は在国を命じられたとのことだ」、②には「上方における三成らの決起の状況をお聞きし、理解しました。このようになるのではないかと考え、家康様へも私の意見を申し上げましたが同意されず、あげくのはてには立腹されて、私に対するご機嫌も数日間悪くなられていました」とある。①から、清正が家康とともに

（右）福島正則画像・（左）池田輝政画像
■ともに東京大学史料編纂所蔵模本

会津へ赴こうとしたが認められなかったこと、家康から在国を命じられたことがわかる。②については清正の主張にすぎず、すべてが真実であるとはかぎらないが、三成らの決起を予想した清正が家康に進言したが、逆に機嫌を損ねたとされている。少なくとも、清正に対する家康の信頼が厚かったために、九州地域における争乱を防止する役割を任されたとは考えがたい。上方にとどまることを警戒されて、在国を命じられた可能性もある。

清正に対する家康の信頼の薄さについて、山田貴司氏は、前年の庄内《しょうない》の乱[*2]

*1 清正勲績考■宝暦四年（一七五四）に熊本藩松井家家臣の黒木貞中が脱稿したもの。

*2 庄内の乱■島津忠恒による、家老伊集院忠棟の殺害に端を発する忠棟の子忠真の反抗（山本一九九〇参照）。

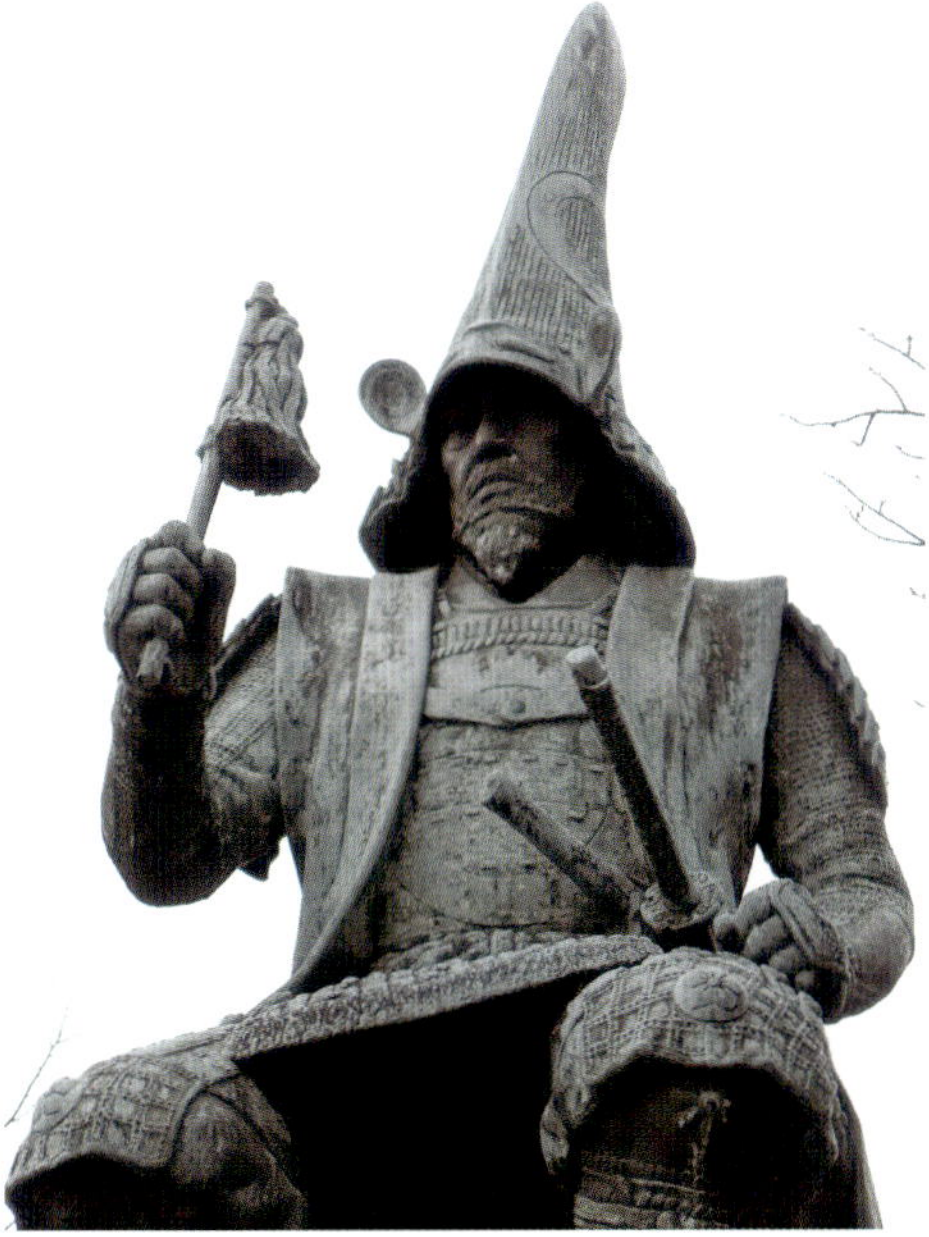
加藤清正像■熊本市

震災（熊本地震）前の熊本城の宇土櫓■熊本市

での対応をめぐって、清正と家康との間が冷え込んでいたためとされる〔山田二〇一四〕。

　家康は、庄内で戦闘が始まると、島津氏領国近隣の秋月・高橋・伊東・相良らに出陣の準備をさせるなど、直接的な軍事介入に踏み切る構えもみせる一方で、山口直友や寺沢正成《てらさわまさなり》（肥前唐津城主）を使者として調停をおこなおうとしていた。これに対して清正は、伊集院忠棟《いじゅういんただむね》殺害後まもない時期から忠真《ただざね》の弟を領内で庇護したうえ、榊原康政《さかきばらやすまさ》を通じて家康への仕官を働きかけて、断られていた。家康の主導する豊臣政権による調停が本格化していた九月になっても、清正は庄内の忠真の所へ「山くぐり」（忍者）を送って、忠真と連携していた。

　このような家康の意向に反する清正の独自の動きは、家康から警戒された。慶長四年（一五九九）九月の家康と加賀《かが》前田利長《としなが》との対立時に、清正は家康から上洛を禁じられ、強引に上洛しようとした際には、菅平右衛門・有馬則頼《ありまのりより》に対して淡路《あわじ》で食い止めるように指示が出されており、清正と家康との関係はきわめて悪化していたのである〔山田二〇一二〕。

　また、島津義弘は清正を「気ままの人」として、「思慮なく戦闘を起こす可能性がある」と考え（九月二十一日付け忠恒宛て書状「島津」）、争乱が肥後方面に拡大する危険性を認識していた。具体的には、加藤氏領の佐敷《さしき》城（熊本県芦北町）を小西・相良勢が攻略する可能性を指摘し、その際に島津勢が佐敷方面へ出兵すると、「清

肥前国唐津城廻絵図■家康方に属した城主・寺沢広高は、関ヶ原の戦い後の慶長七年（一六〇二）、堀を中心に本格的な築城を始め、同十三年に完成した。舞鶴城とも呼ばれる　国立公文書館蔵

正の旗幟《きし》が明確でないので」、「一揆の手始め」になってしまうと危惧している。このような認識は、清正＝親徳川、行長＝反徳川という通説的理解が普遍的ではなかったことを示唆している。十月には、忠真が抵抗を止めないため、行長のほか、寺沢・立花や豊後衆に対しても家康から庄内への出陣依頼があった一方、清正は庄内へ向けて物資の補給をおこなっており、むしろ、清正＝反徳川、行長＝親徳川とみなされる状況が生じていたのである。

慶長五年二月になると、清正は大坂に滞在しており、上洛禁止は解除されているが、清正と家康との関係悪化を完全に解消するには至らず、結局、会津征討時の家康の対応につながったと思われる。

■西軍参加の選択肢もあった清正■

反徳川闘争決起時に在国していた清正に対して、西軍は再三にわたって荷担を呼びかけた。豊前小倉城主毛利吉成《よしなり》を派遣した（「黒田」）ほか、毛利輝元は決起に向けての上洛にあたって、清正に対して上洛を呼びかけている（七月十五日付け、「松井」）。吉成の派遣は八月半ばであり、当初の輝元による勧誘に対して、清正が完全に拒絶姿勢を示していなかったことをうかがわせる。先に引用した七月二十一日付け如水宛て書状には、次のような一文がみられる。

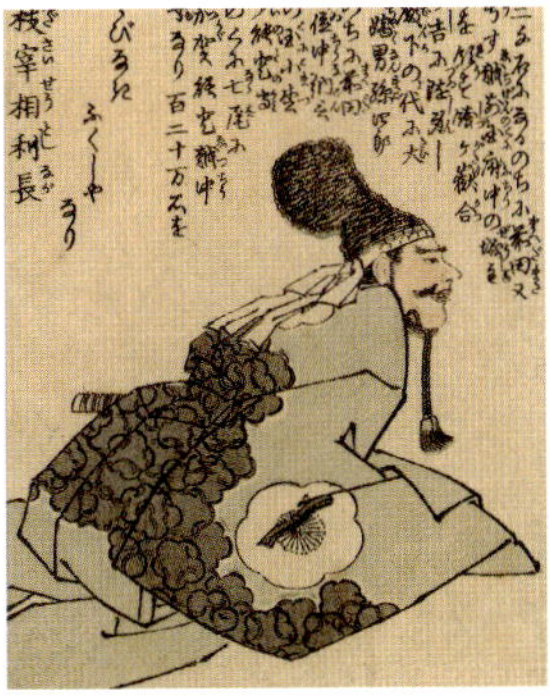

『英名百雄伝』に描かれた前田利長■※

『英名百雄伝』に描かれた毛利輝元■※

加藤清正并十六将図 名古屋市秀吉清正記念館蔵

私は、奉行衆からも秀吉様の言い残された「筋目《すじめ》」の実情について聞かされていません。家康様を立てるようにおっしゃったのか、そうでないのか、わかりません。そちらから中国（安芸毛利氏領）は近いので、安国寺恵瓊《あんこくじえけい》のお考えをお聞きになりましたら、そっと私にも教えてください。

反徳川闘争決起の主導者の一人が恵瓊であったという情報は、清正にも伝わっていたはずである。その恵瓊からの秀吉の遺志に関する情報を入手しようとしているということは、清正が七月二十一日の段階では、東軍への荷担を決断しておらず、西軍への荷担も選択肢にあったことを物語る。

二十一日以降も、清正と同様に西軍から勧誘された豊後木付の細川氏領に在番していた松井康之らとの連携はみられるが、明確に東軍方であることを示したものではない。たとえば、七月二十七日付け清正書状（「松井」）には、「そちら（木付城）には有吉立行（細川氏家臣）一人を残して、松井康之は丹後へ救援に赴きたいとのこと適切です」、「そちらに兵力が少ないのであれば、こちらから援軍を派遣しますので、丹後へ赴いてください」とある。表面的には、東軍に荷担した細川氏への協力であるが、結果的には、木付城を加藤勢によって事実上乗っ取ろうというもくろみがみえる。

清正と連携する黒田氏・細川氏は、ともに当主の長政・忠興が東軍に荷担しており、九州地域でも東軍方として行動している。しかし、如水の行動が家康への忠誠

安国寺恵瓊像■広島市・不動院蔵

杵築（木付）城の天守■室町時代に木付氏が築城し、大友氏・島津氏の攻防の舞台となった。海や崖に囲まれた要害で、天正十五年（一五八七）には、約三万の島津軍を撃退している　大分県杵築市

心・服従心に基づくものとは考えがたく、自己の所領拡大を狙っていたとされる〔林二〇一〇、白峰二〇一一〕。同様に清正についても、純粋に東軍に荷担したとみなすことはできない。清正の東軍荷担を明白に示す史料とされる①八月十二日付け清正宛て家康書状写（「古今消息集」）、②九月七日付け清正書状（「黒田」）、③九月十一日付け清正書状（「黒田」）のうち、①は正文が確認できず、②・③は本多正《ほんだまさ》信《のぶ》・*西尾吉次《にしおよしつぐ》に宛てたものであるにもかかわらず、黒田家に伝来したものである。

②・③については、当時、清正が用いていたものと同じ形状の花押が据えられ、文言も不自然ではない。しかし、冒頭に「跡書」と記されている点は不可解である。とりわけ、②は「跡書」と記した後に、「女房衆が熊本へ逃れてきたので、その報告として大坂の留守居のために送る。大坂からうまく届けるように命じた」と書き加えており、本多らにそのまま送るためのものか疑問が残る。清正は女房衆を脱出させた梶原景俊《かじわらかげとし》（肥後加藤氏家臣）を厳しく叱責《しっせき》しており、西軍の監視下にあった人質はそのままにしておくつもりだったと考えられる。いずれにせよ、これらの史料に依拠して、清正が当初から東軍に荷担していたと結論づけることにはためらいを覚える。

一方で、八月二十九日付け松井康之・有吉立行宛て清正書状（『松井家三代』）には、「家康様が二十五日に清洲へ到着されたとのことで、めでたいことが続きます」（情報の伝達速度から考えると、偽情報を与えたと思われる）とあり、清正が東軍と認識

大濠公園■黒田長政の居城・福岡城の外堀　福岡市　写真提供：福岡市

＊西尾吉次■織田信長が本能寺の変で自害した際、徳川家康の三河帰還の警護にあたる。家康の関東入部に従い、天正十八年（一五九〇）に武蔵原市（埼玉県）五千石を領する。慶長七年（一六〇二）に美濃（岐阜県）にて七千石を加増され、武蔵原市藩初代藩主となる。

されるような言動をとっていたことはまちがいない。七月晦日付け康之ほか連署状案（「松井」）にも、「加藤清正の女房衆は大坂城に入ったとのことです。どのようになろうとも、家康様に味方するとおっしゃっています。（如水と同様に）木付衆の味方です」とあり、一貫して康之らは清正を東軍と認識していた。

ただ、九月十三日にようやく出陣用意を始めたことから推測すると、如水・康之らと連携のもと、表面的には東軍への荷担を装いつつ、自らの権益拡大のためにはどのように行動すべきか、慎重に情勢を見極めていたのではないか。

岐阜《ぎふ》城（岐阜市）陥落の情報を清正が知った時期は定かでないが、伝達速度を考えると、九月上旬頃だろう。先にあげた清正書状②・③がリアルタイムで記さ

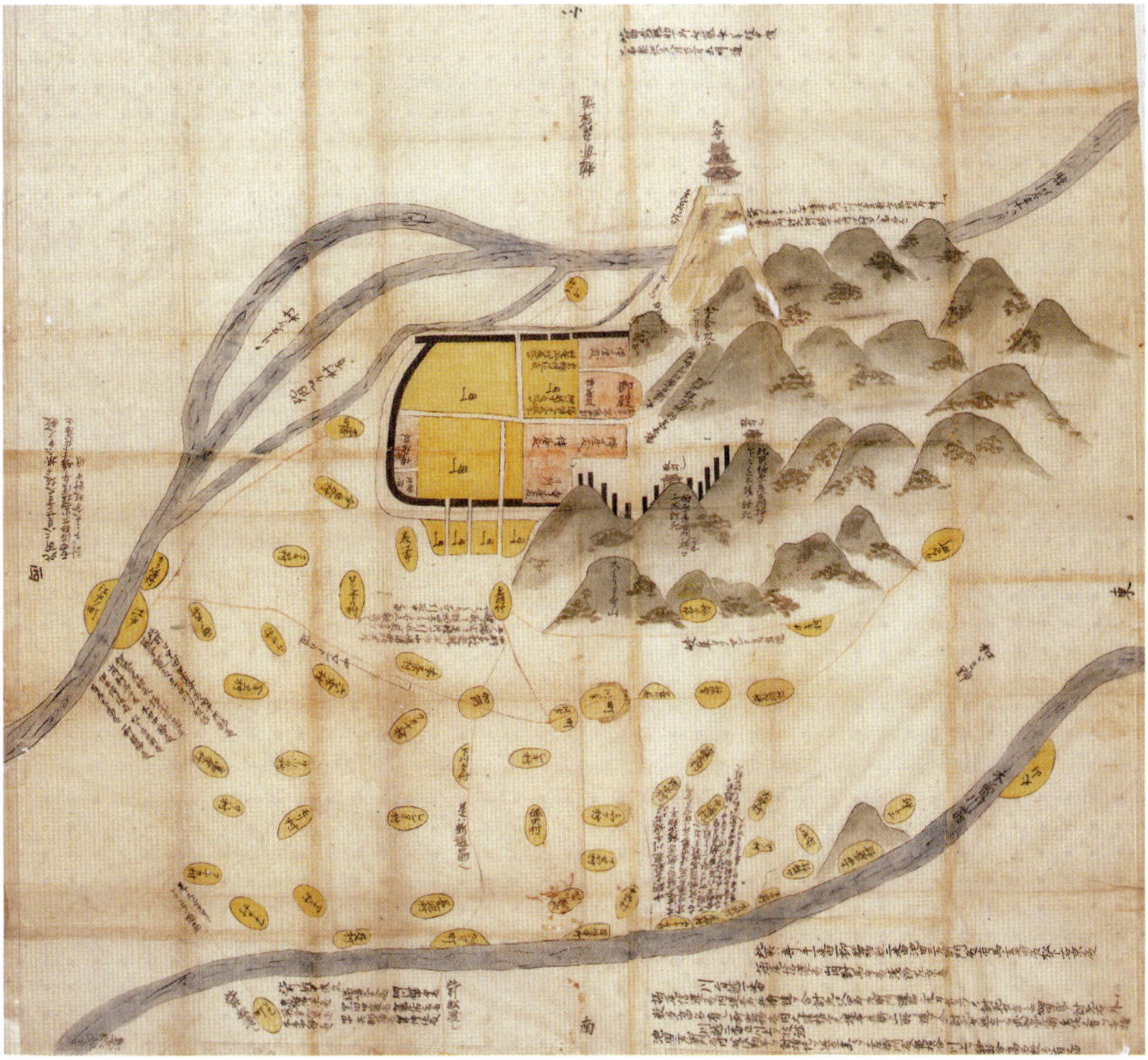

岐阜城攻防の図■山頂に聳える天守のもと、中央の橙色・黄色部分は城下町を、それを囲む太い黒線は総構えを示す。池田輝政・福島正則・黒田長政ら攻城軍と、城から出陣した織田秀信が対陣する様子を描く。さらに、所々で奮戦した武将の軍功も記されている　岐阜市歴史博物館蔵

れたと仮定しても、清正が明確に東軍荷担を決断したのは、岐阜城陥落という東軍優勢の情報を得たのちであったと思われる。

■関ヶ原終結後に小西氏領へ進攻■

清正の軍事行動については多くの研究〔林二〇一〇、白峰二〇一一、山田二〇一二など〕があるため、簡単な経過のみを紹介しよう。詳細な典拠史料については、先行研究を参照いただきたい。

最初に清正が向かったのは、豊後方面である。十三日にいわゆる石垣原《いしがきばる》の戦いが起こっているが、清正の熊本出立は十五日であった。清正は盟約に基づき、対大友勢の援軍として出陣したが間に合わなかったとしている。

しかし、大友吉統の豊後上陸は九月八日であり、十五日の清正出陣まで七日間。東軍荷担を早い時期に決断していたとすると、いつでも出陣できるように準備していたはずであり、豊後から肥後までの情報伝達速度を考えると、あまりに遅い出陣である。先に指摘したように、清正の木付城救援の姿勢が表面的なものにすぎなかったことをうかがわせる。清正の豊後への出陣は、東軍優勢の情報を得たことに加えて、如水が大友勢との戦闘に乗り出したことから、自らも乗り遅れまいと考えたのではないか。

岐阜城遠景■金華山（稲葉山）山頂にみえる天守は、昭和三十一年（一九五六）に鉄筋コンクリート建築で復興されたもの。北は長良川が流れる　岐阜市

結局、豊後においては何らの戦功もあげることができなかったため、清正は急いで帰国して、他所において戦功をあげようとした。目標は、隣接する小西氏領である。そもそも、清正と行長とは対立関係にあった。また、行長が多くの兵力を動員して上方に展開していたため、国許の守備は手薄であったと考えられる。したがって、東軍への荷担を決断したのであれば、まず攻撃対象となるのは、西軍の主力の一角を占める小西氏領のはずである。

しかし、実際には関ヶ原における戦闘の終結まで、清正が小西氏領へ進攻することはなかった。犬猿の仲ともいえる小西氏領さえも攻撃しなかったことは、清正の真意を反映しているのではないだろうか。如水・細川勢が戦功をあげたことに焦って、小西氏領進攻を決断したと思われる。

宇土城攻撃は九月二十一日に開始された。清正は、その二

『太平記英勇伝』に描かれた小西摂津守行長■東京都立中央図書館特別文庫室蔵

関ヶ原の戦いで奮戦した小西行長の陣跡■岐阜県関ヶ原町

図6　加藤清正の進軍経路①（宇土城攻撃段階まで）

日後には「まもなく落城するだろう」と楽観視していたが、小西勢は頑強に抵抗した。宇土城内の小西勢にも九月二十八日前後には西軍敗北の情報が到達したと考えられるが、なおも小西勢は抵抗を続けた。

十月二日頃には三の丸が破られ、二の丸・本丸を残すのみとなったが、それでも十日以上持ちこたえ、開城は十四～十五日頃と推測されている〔阿蘇品二〇〇六、吉村二〇一〇〕。十月十七日には小西氏領の八代城も開城しており、清正はようやく小西氏領の制圧に成功したのである。

小西行長の居城・宇土城の千畳敷外堀
熊本県宇土市

第二章 頼房の寝返りの真相

■三成挙兵時は西軍に属す■

山田貴司氏の研究（山田二〇一五）を参照しながら、反徳川闘争決起後の頼房の動向をみていきたい。

『南藤蔓綿録《なんとうまんめんろく》』*1において、反徳川闘争決起時の頼房は、「石田三成が決起した折、秋月種長・高橋元種と同道して参勤のために上洛していたが、三成から一味同心せよと強引に要請されたので、やむをえず三人とも西軍に加わり、伏見城攻略のため出陣した」と記述されている。また、大垣城における東軍への寝返りについては、

頼房は以前から家康の奉行である井伊直政との「内証《ないしょう》」*2があったので、頼房の考えを秋月・高橋両氏へ相談して、相良兵部《ひょうぶ》（犬童頼兄《いんどうよりもり》）の謀略をもって、大垣城二の丸に籠もっていた筧《かけい》和泉守（垣見一直）・熊谷内蔵丞（直盛）・木村宗左衛門（由信《よしのぶ》）らを討ち捕ったため、大垣城は落城した。すぐに、彼らの首を関ヶ原へ持参したので、家康は非常に喜んだ。

とある。

*1 南藤蔓綿録■江戸時代後期に人吉藩士西源六郎（梅山無一軒）が編纂した、相良家氏に関する歴史書。

*2 内証■ここでは、外部には知られないようにしてある考えや意向を指す。

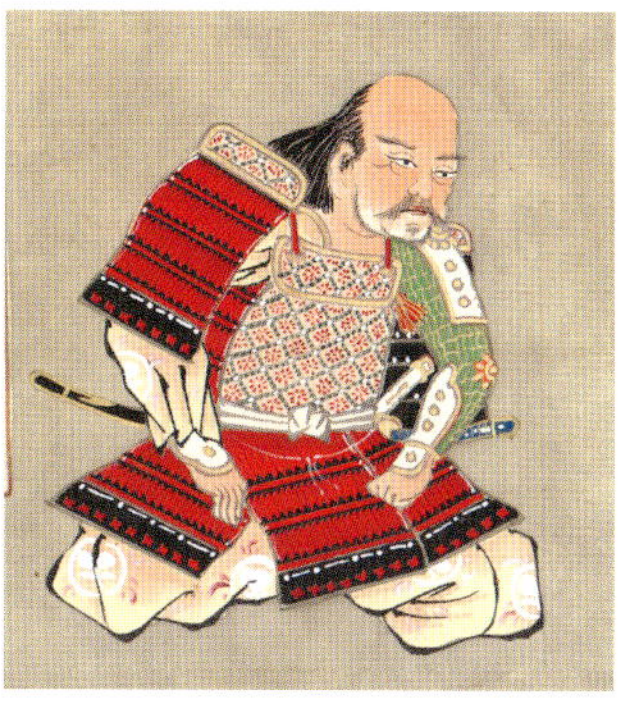

井伊直政画像■「徳川家康并十六将図」より　個人蔵

前者の叙述のうち、やむをえず西軍に荷担したとする傍証として、後者の井伊直政との「内証」の存在を無一軒は示唆しているが、事実であろうか。六月晦日付け頼房宛て直政書状（『相良』）の一部を抜粋する。

一、天下は平穏になりました。こちらで変わったことがありましたら、書状でご連絡します。

一、番替えになりましたので、私は東国へ下ります。また、年内には上洛するつもりです。もし、私の下国中に徳川氏に御用がありましたら、西尾小左衛門尉（吉次）によく言っておきましたので、お申し付けください。村越《むらこし》茂助《もすけ》（直吉《なおよし》）にも言っておきました。両人へご用をおっしゃってください。必ず対応いたします。

一、このたびの家康に対する昵懇《じっこん》については、秀忠《ひでただ》にも伝えます。

一、東国方面においてご用がありましたら、承ります。疎略《そりゃく》にはいたしません。

宛所が「相良左兵衛」となっているため慶長四年（一五九九）以降、「江戸中納言」と記されている秀忠は、慶長六年三月に大納言に任官しているため慶長五年以前のものであり、会津征討に触れられていないことから、慶長四年に比定できる。三成失脚からまもない時期で、三成失脚後に豊臣政権内の主導権を盤石にしつつあった家康に対して、相良氏が接近を図ったことを示す。

同日付けで直政が黒田長政に送った書状（「黒田」）には、「相良頼房殿へ書状で

徳川秀忠画像■家康の三男。慶長五年（一六〇〇）九月、三万八千余りの軍勢を率いて石田方についた真田昌幸・信繁の籠もる信濃上田城を攻撃するが、落とせず撤退（第二次上田合戦）。これにより、関ヶ原で戦っていた家康と合流することができなかった　東京大学史料編纂所蔵模本

連絡しました。案内者を付けるようにしてください」とあり、長政が相良氏の家康への接近の仲介にあたったことがうかがえる。

先にみた伊東氏のケースとは異なり、相良氏の家康への接近は明確な事実である〔池田一九九〇〕が、慶長五年の反徳川闘争決起時に相良氏がやむをえず西軍に荷担したと断定はできない。慶長四年の相良氏の動きは、取次役を担っていた三成の失脚という緊急事態への対応にすぎない。三成が復権した決起後の状況は、三成失脚時とはまったく異なり、直政書状にみられる家康への従属的姿勢も見直されていた蓋然性が高い。積極的に荷担したとまではいえないかもしれないが、三成との関係を重視して、不安を覚えながらも西軍荷担を決断したのだろう。

黒田家に伝来した史料として、慶長四年閏三月吉日付け長政宛て頼房起請文《きしょうもん》写〔「黒田」〕が存在し、その前書《まえがき》に「家康様に対するご奉公については、ぬかりなく忠節を尽くす」とあるが、正文は確認できない。この写の内包書の＊上書《うわがき》（表書《おもてが》き）によると、本多正信に提出したとされるが、先にみたように、徳川氏における相良氏の取次は井伊直政が担当しており、本多正信への提出という説明は不自然である。この写の信憑性には疑問が残り、三成失脚直後に長政の仲介があったと断定はできない。

仮に、頼房の起請文提出が事実とすると、長政の会津征討参加に頼房も同行するはずである。朝鮮侵略の時期には九州地域の大名に対する取次を務め、庄内の乱で

＊上書■封書・書物・箱などの表面に、宛て名・表題・名称などを書くこと。

本多正信画像■関ヶ原の戦いの際には、榊原康政らとともに秀忠に同行した　東京大学史料編纂所蔵模本

は家康の取次役も担った寺沢正成〔山本一九九〇〕も、長政と同様に会津征討に参加している。険悪な関係に陥っていた清正や島津氏に対する警戒心があったにせよ、反徳川闘争決起がなかったと仮定すると、会津征討の留守中に相良氏領が侵蝕されることは考えがたい。にもかかわらず、相良氏が会津征討に参加しなかったのは、家康への従属度が長政や正成に比べて低かったことを示していよう。

大垣城で西軍大名を殺害して東軍に

大垣城における相良氏の寝返りについて、犬童頼兄（相良清兵衛に改名）が記した六月三日付け黒田長政宛て覚書写（人吉市教育委員会蔵）には、

頼房が大垣城内から井伊直政殿・黒田長政殿へ使者を派遣しました。九月十五日の未明までには到着するように送り出したのですが、合戦が起こったため遅れて、翌日十六日に醒井《さめがい》（滋賀県米原《まいばら》市）で直政殿にお目にかかり、直政殿からご使者として勝五兵衛という人が大垣へ来られました。秋月・高橋とも相談して、十七日に垣見和泉・熊谷内蔵丞・木村宗左衛門尉父子を討ち捕り、その首を持たせて進上しました。二十日に大津で家康様へ披露しました。また、大垣城本丸は二十三日に明け渡されて、二十八日に大坂にて、家康様に対して頼房はお礼を申し上げました。

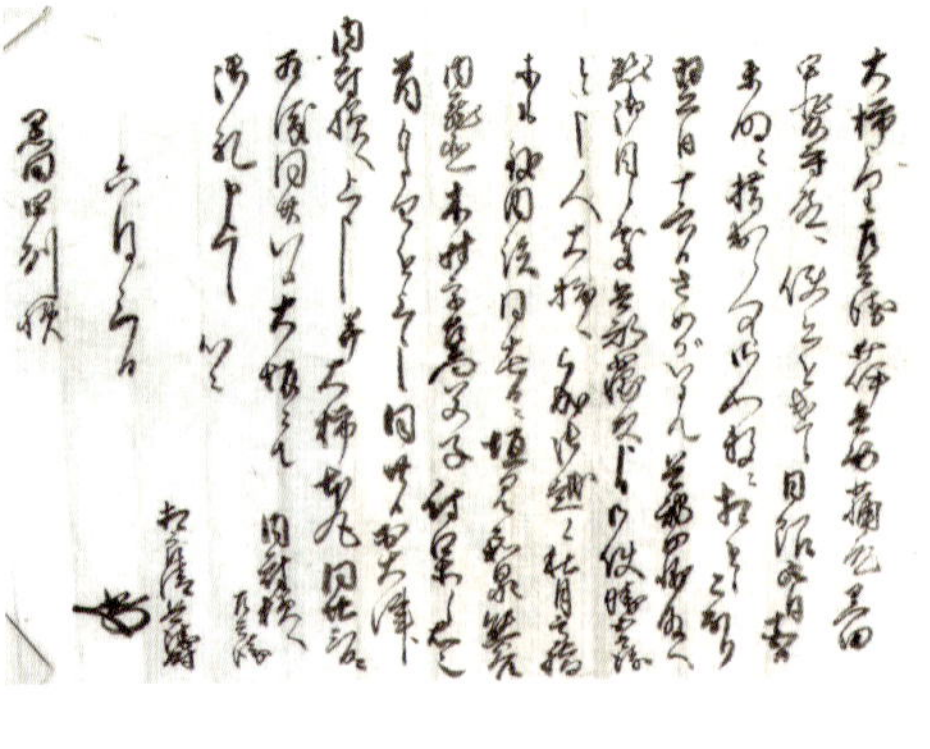

（慶長五年）六月三日付け黒田長政宛て相良清兵衛覚書写■人吉市教育委員会蔵

（左ページ）黒田長政画像■本画像は、福岡市にある光雲神社に所蔵されていたが、昭和二十年（一九四五）の戦災で焼失。

とある。

この文書は慶長六年に記されたとされ、内容の信憑性は検証する必要がある。まず、頼房が大垣城における寝返りを主導したことは、九月十六日付け頼房宛て井伊直政書状（『相良』）からうかがえる。

ご使者が口頭で言われたこと、詳しくお聞きしました。大垣城に籠城されていたことはまったく知りませんでした。以前から家康とは親密な関係にあったので、必ず忠誠を尽くし、大垣城を早々に明け渡したいとお聞きしました。ひたすらにこみいったわけがあったといえば済むことですので、一刻も早く行動を起こされるのがよいと思います。高橋元種殿へも別便で申したいと思いますが、今までに通交したことがないので、できません。高橋殿の身の保障や家康への伺候《しこう》については、あなたの指図に従い、どのようにも尽力いたします。決しておろそかにはしません。

なお、秋月種長殿へも書状を差し上げたいのですが、今までに通交したことがないので、できません。ご理解をお頼みします。秋月殿の身の保障についても、あなたの指図に従い、決してなおざりにはしません。

慶長四年の家康への接近における窓口となっていた直政に対して、頼房は西軍荷担について弁明するとともに、大垣城開城を打診したところ、直政から迅速な行動を促されている。また、大垣城内の同じ曲輪《くるわ》に籠もっていた高橋・秋月両氏は、家

濃州大垣城図■「日本古城絵図」より
国立国会図書館蔵

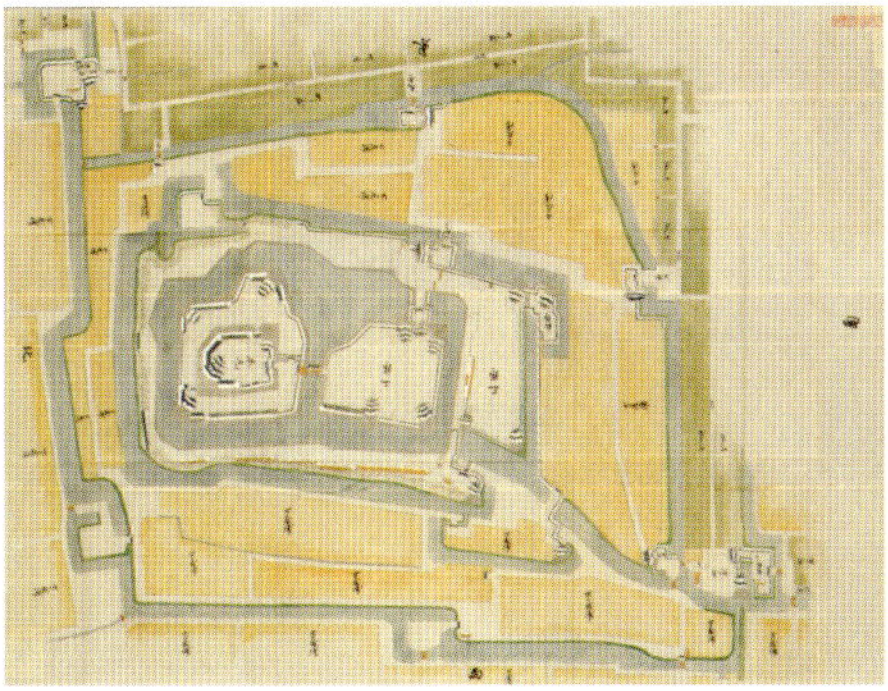

康との交渉ルートがなかったため、東軍への寝返り交渉はいまだおこなわれておらず、相良氏を通して交渉をおこなおうとしている。

直政からの書状を受け取った頼房は、元種・種長を誘って、家康への忠誠心を示すために、同じ城内に籠もっていた垣見一直・熊谷直盛・木村由信（美濃国北方《きたがた》城主）を討ち捕り、東軍へ寝返った（九月二十一日付け頼房宛て直政書状『相良』）。

十八日付けのあなたの書状は、昨日大津で読みました。
一、熊谷直盛・垣見一直・木村由信の首を討ち捕られたとのこと、先日おっしゃられたことを実行され、よかったと思います。すぐに、家康へ首を見せたところ、がんばって、早速にこのような武勲をあげられ、うれしく思うとおっしゃられました。用を済まされて、こちらにお越しの際に、直接お会いしていろいろとお話ししましょう。
一、福原長堯を成敗すべきであるとのこと、適切です。よく考えて処理してください。
一、秋月殿・高橋殿には別便で申し入れるつもりですが、あなたのお考えをお聞かせください。いずれも直接お会いした際にお話ししましょう。
頼房は、西軍荷担の失態を回復するために、単に大垣城を明け渡すだけでなく、城内でともに苦闘していた仲間（熊谷・垣見・木村）の命を奪った。その結果、家康の歓心を得ることに成功したが、身の保障を万全にするために、福原長堯の命を

相良氏の居城・人吉城跡■頼房の父・義陽の時代から大改修が始められ、何度かの中断・再開を経て、頼房の子・頼寛の時代にようやく完成する　熊本県人吉市

図7　関ヶ原の戦い当時の九州諸大名配置・進軍図　※『新・歴史群像シリーズ①　関ヶ原の戦い』（学習研究社、2009年）の掲載図を参考に作成。

木之本
織田秀信（西軍）
vs 福島正則・池田輝政ら（東軍）
（8月22日〜23日）
赤坂
岐阜城
関ヶ原
垂井
大垣城
犬山城
柏原
佐和山城
竹ヶ鼻城
相良頼房らの裏切りにより
開城（9月23日）
高宮
清須城
長島城
伊勢湾
岡崎城
関地蔵院
富田信高（東軍：籠城）
vs 毛利秀元・吉川広家・
長宗我部盛親ら（西軍）
（8月5日〜8月24日）
安濃津城

図８　関ヶ原の戦い関係図

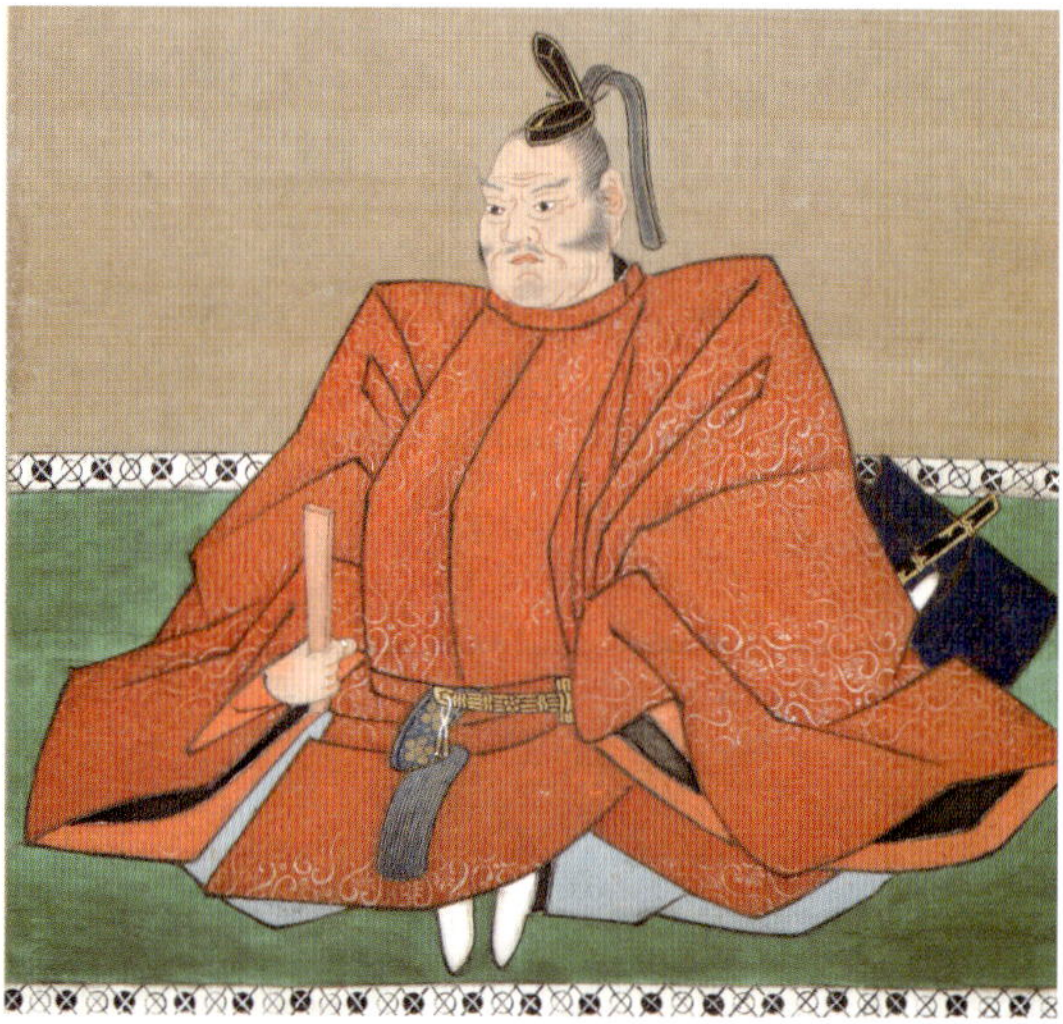

相良頼房画像■熊本県人吉市・相良神社蔵　人吉市教育委員会寄託

も奪おうとしている。また、この寝返りを主導したのが頼房であったことを三条目は示唆している。

このような頼房の非情な行為は、慶長四年に形成された家康との信頼関係が、寝返り以前の段階では崩壊していたことを物語る。九月七日付け島津忠恒宛て島津義弘書状（「島津」）に、「秋月殿は決められた軍役を上回る兵を動員しています。相良殿も同様です。秀頼様への忠誠心からということです。高橋殿も上洛しています」とある。秋月・日向高橋氏と同様に、頼房の西軍への荷担姿勢は、やむをえないという範疇を超え、かなり積極的である。頼房は家を守るために、その時点で最善と考えられる選択をおこなった。三成が失脚すれば家康に接近し、三成が復権すれば家康からは離れる。そして、三成らが敗北した結果、再び家康に取り入ろうとしたのである。

系図5　相良氏略系図

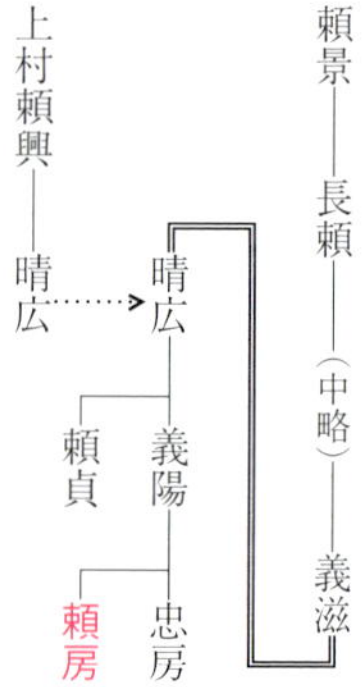

＊疑問点……■①慶長六年に作成されたこと、②長政宛てになっていること、③黒田家ではなく相良家に伝来していること、が挙げられている。

六月三日付け相良清兵衛覚書写の疑問点*については指摘されているところであり〔人吉市教育委員会二〇一三〕、大垣城における寝返り以降の動向については事実を記しているが、十五日に到着するように使者を派遣したとする点は信用できない。関ヶ原の開戦前に使者が到着するはずであったとすることにより、戦前から家康によしみを通じていたことにする意図が透けてみえる。

しかし、明白な証拠となる文書が存在しなかったため、合戦によって遅れたという理由を捏造した。相良清兵衛覚書は、関ヶ原の戦い時における行動を正当化することを目的に作成されたものであり、このような一見すると信憑性の高そうな史料が、歴史を歪めるケースがあることに注意しなければならない。

■九州で清正と衝突■

相良氏の西軍荷担への積極姿勢は、九州地域での軍事行動にも表れている。十月十一日付け如水宛て清正書状（熊本県立美術館寄託）に、

相良については、家康様への目通りが済んだと聞きました。そうなのでしょうが、理由を申し上げて、相良を成敗するように申し上げる考えでいたところ、薩摩島津勢と結託して、九月二十四日から今日まで、佐敷城方面へ攻撃をしかけてきましたので、毎日、迎え討ちました。後日の家康様への証拠とするため

佐敷城跡■曲輪の周りを石垣で固め、複雑な枡形虎口をもつ。三ノ丸枡形虎口からは「天下泰平国土安穏」と浮き彫りされた瓦、本丸へ至る通路からは桐紋の鬼瓦などが出土している　熊本県芦北町　写真提供：芦北町教育委員会

に、貴殿へ申し入れておきます。あいつ（頼房）は、このたびのことのみならず、前々からずっと道理も作法も知らない者ですので、成敗するように申し上げるつもりでいたところ、右のような所業でしたので、どのようなわけで赦免するのでしょうか。所領を安堵する必要はありません。

とある。

国許の相良勢は島津勢とともに、加藤清正領の佐敷城を九月二十四日から攻撃していた。攻撃開始時点では、大垣城にて頼房が寝返ったという情報は、九州に到達していなかったと考えられる。一方で、清正は西軍に荷担していた小西氏領へ進攻していた。したがって、この時点での相良氏は西軍荷担の立場を明確にしていたといえよう。

ところが、頼房寝返りの情報が到達していると考えられる十月十一日になっても、相良・島津勢と清正勢との戦闘は続いていた。清正書状では、相良・島津勢が攻撃を止めなかったと主張しているが、西軍敗北の情報を得た清正が反撃していた可能性もある。少なくとも十月十三日になると、相良氏は清正に使者を送って和解しようとしている。相良氏からの和解提起に対

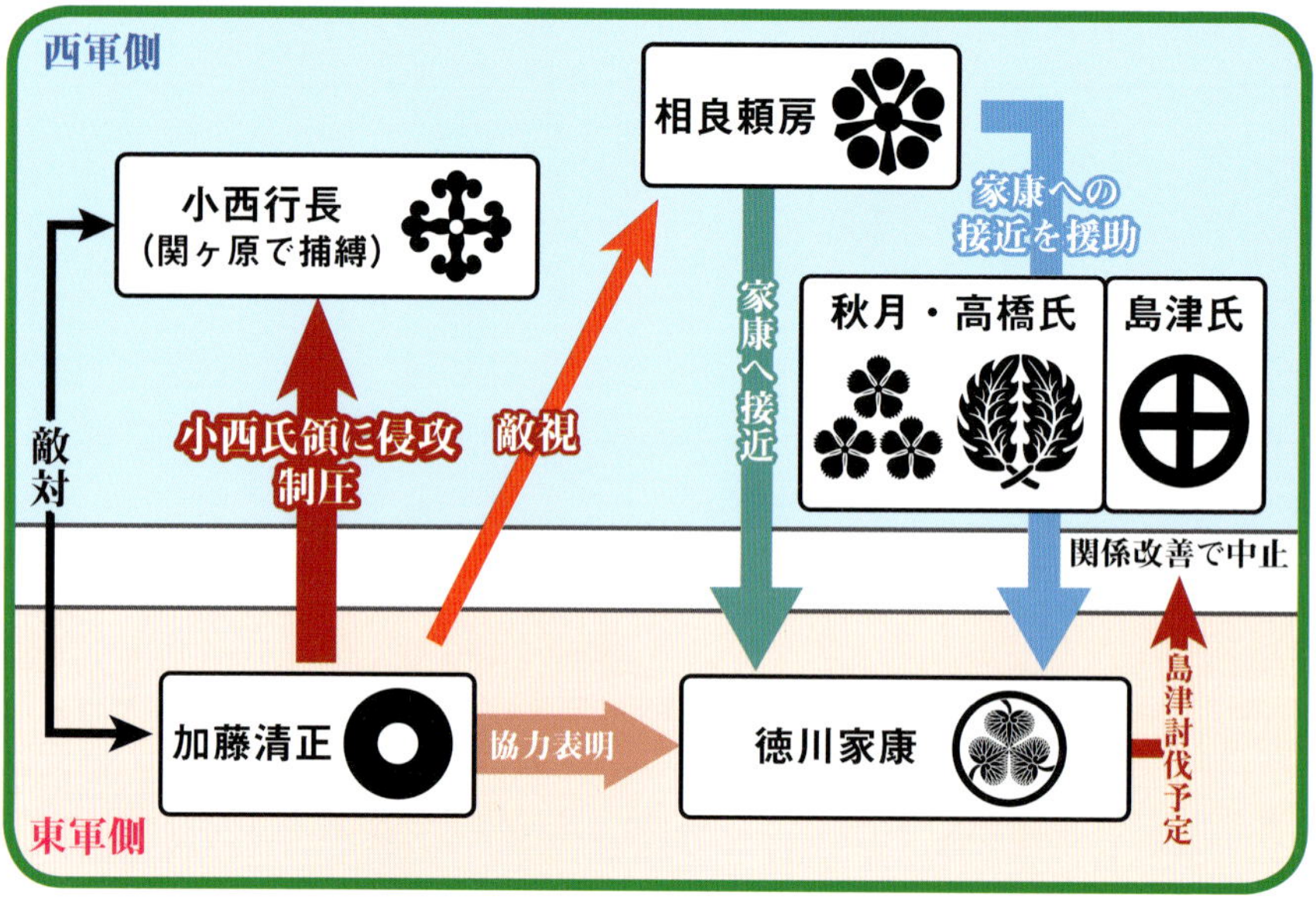

図９　関ヶ原の戦い後の相良頼房をめぐる関係図

する清正の方針を示す十月十三日付け加藤重次（肥後加藤氏家臣、佐敷城在番）宛て清正書状（熊本県立美術館寄託）をみてみよう。

　薩摩勢を少々討ち捕ったとのことで、首六つが送られてきた。適切な処置だ。

一、相良からの使僧《しそう》と書状をみた。どのように書状を送り、言いわけをしようとも、近年の遺恨に加え、このたびの佐敷城攻撃は許せないので、家康様が赦免されようとも、こちらから理由を申し上げるので、味方としてあつかう必要はまったくない。このことを強く言い渡す。

一、日向の伊東氏からの書状をみた。あの男も相良の与党なので、すぐに和解することは難しい。おまえから内々にそのことを伝えるように。

一、宇土城はまもなく攻略できそうなので、そのように心得てくれ。次に、伊東氏に対しては、おまえの考えのとおり、伊東氏の年寄衆への返事に、和解してほしいという再度の嘆願がなければ、家康に対してとりなしをおこなうことも難しいと伝えてくれ。相良氏へは右の趣旨を話してくれ。宇土落城の報告はのちほど派遣する。

（中略）さらに、肥後・筑後二国を私が拝領するので、相良の存続を認めるか認めないかは自分の計らい次第だと相良氏へ申し送った。

　清正は、相良氏に対する強硬姿勢を崩していない。家康の意向に反してでも、相良氏の処罰を求める意向を示し、相良氏に対するさらなる屈服を要求している。仮

大垣城■関ヶ原の戦いで西軍の拠点となり、石田三成・宇喜多秀家・小早川秀秋・島津義弘・小西行長らが集結した。西軍の主力が関ヶ原へ出陣したのち、東軍方の攻撃をうけ、相良頼房らの裏切りもあり、落城した　岐阜県大垣市

に、相良氏が戦前から家康によしみを通じていたとすると、清正といえどもこのような強硬姿勢をとることはできないのではないか。後年の人吉藩の認識とは異なり、相良氏が家康への服従姿勢に転換したのは、関ヶ原での戦闘後だったと考えられる。

清正との和解、そして独立大名へ

十月十四～十五日頃の宇土城開城を経て、清正の相良氏に対する姿勢には変化がみられた。十月二十六日付け加藤喜左衛門尉・下川又左衛門尉宛て清正書状（群馬県立歴史博物館寄託）には、「薩摩へすぐに進攻するので、先日言いつけた宇土領の人足を急いで呼び寄せて準備しておくこと」とある。筑後柳川《やながわ》城の立花宗茂が降伏したため、清正は反転して島津氏領へ南下することにした。

同日付けの加藤重次宛て清正書状（「加藤内蔵助氏所蔵文書」）には、

相良氏の家老たちの人質について、こちらから命じて、小身の者まで、十人・二十人くらいの人質を提出させる。そのうえ、このたびの先鋒として兵三千を出すのであれば、家康への仲介をすると伝えた。そうしない場合、まず球磨（人吉）へ兵を下向させるか、あるいは、島津氏征討の帰りに攻撃すると（家康が）おっしゃったと伝えた。肥後・筑後は私が拝領したのだが、立花宗茂らは城を明け渡したので、そのことを知っておけと（相良氏に）伝えた。

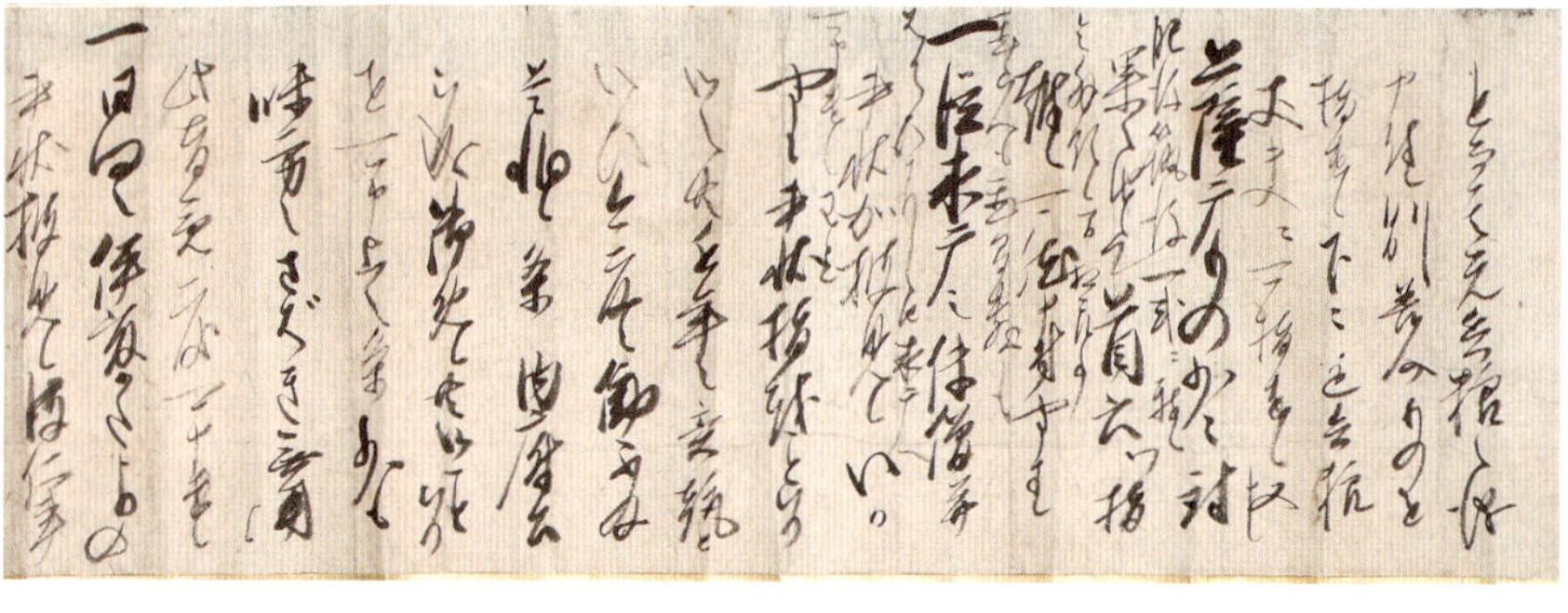

とあり、相良勢を島津氏領進攻の先兵とするとともに、相良氏を従属下に置こうとする意思がみられる。先にみたように、清正は肥後国全体を拝領できると考えており、相良氏は独立大名ではなく、加藤氏の与力的存在になることを受け入れるのであれば、相良家の存続を許すという考えだったのだろう。

これに対して頼房は、島津氏の家康への恭順を仲介して、その結果、島津氏征討が中止になれば、島津氏領進攻の先兵となることを回避できると考えた。さらに、

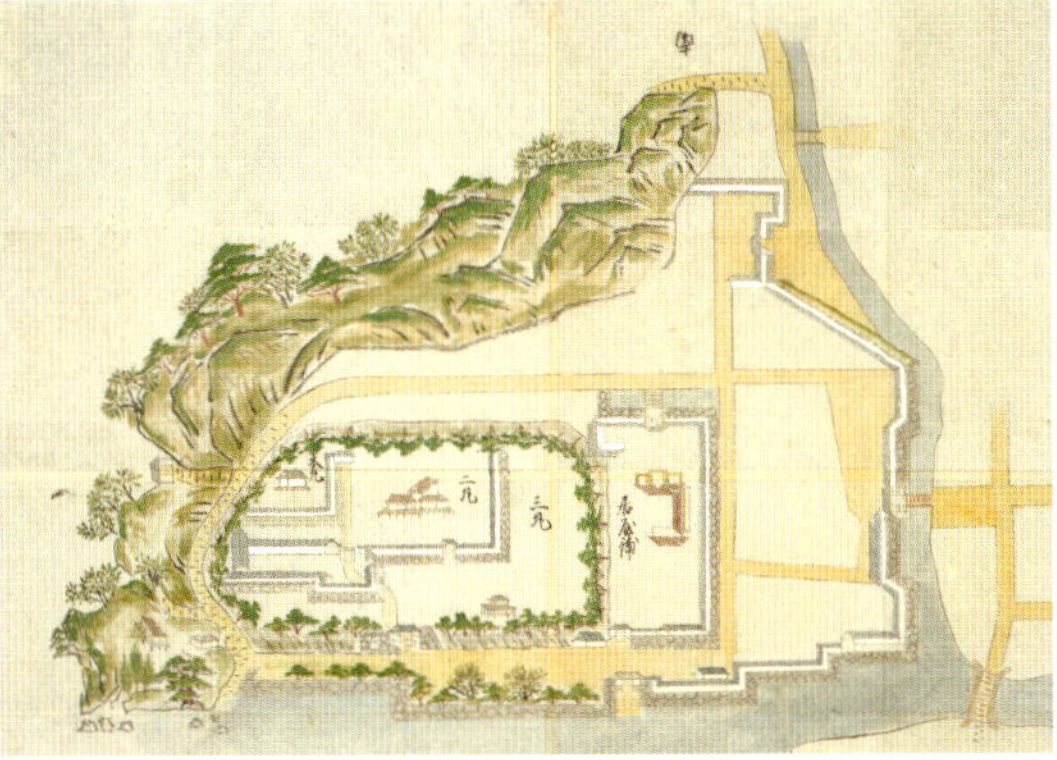

肥後国球麻城図■近世相良氏が居城とした人吉（球磨）城の絵図。南を上にして描かれ、西側には相良清兵衛の屋敷をはじめ、武家屋敷が広がっていた　「日本古城絵図」より　国立国会図書館蔵

島津氏恭順への尽力を大垣城における寝返りに続く第二の成果として、所領の安堵を得ようとした。十二月二十三日付け島津義弘宛て黒田長政書状（「島津」）に、「島津氏の処遇について、相良と秋月がそちらへ下向する際、大坂から書状で申し入れたところ、二通のご返書をいただき拝見しました」とある。

相良氏による仲介が功を奏したのか、十一月二十二日付け島津忠恒・義久宛て如水書状（「島津」）に、「加藤清正は島津氏を征討すべきだと言っていました

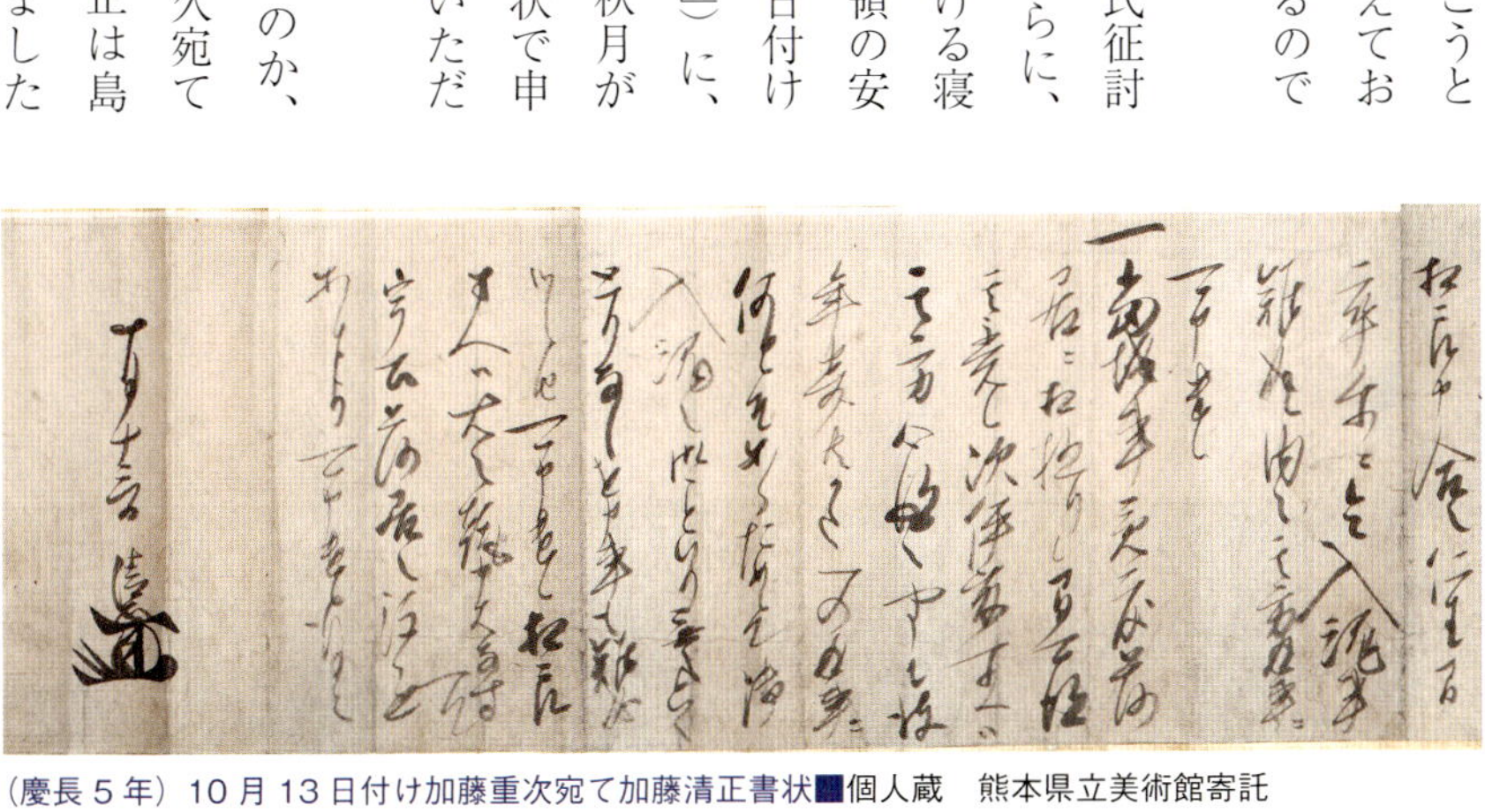

（慶長５年）10月13日付け加藤重次宛て加藤清正書状■個人蔵　熊本県立美術館寄託

が、井伊直政・山口直友を通じて弁解されたとのことですので、征討を見合わせて、私が同道して上洛いたします」とあり、島津氏征討は延期された。

この如水の書状は、十一月十二日付け如水宛て家康書状（「黒田」）をうけたものである。家康の指令は、「立花宗茂（当時は尚政《なおまさ》）を連れて、薩摩国境付近まで進み、清正・鍋島直茂《なおしげ》と相談して、島津氏を征討されるとのこと、冬季に入るため、年内は進攻をやめるように」というもので、清正や如水らの戦意の高さに比べ、家康の戦意は低かった。

島津氏側も立花宗茂や直友・直政らを通じて講和の道を探り、十二月末には直政・直友の使者が下向して、島津氏赦免の条件を伝えた。その条件とは、義久の上洛に加え、義弘については＊遠島《えんとう》後に時期をみて赦免するという寛大な内容であり、島津氏との戦闘を避けるという家康の意向に沿ったものであった。

家康と島津氏との交渉は、赦免条件をめぐって慶長六年（一六〇一）も続くのであるが、この段階で島津氏征討は中止へと転換した。この結果、相良氏は独立大名としてその所領も安堵され、逆に、所領拡大をくわだてた清正の野望は、小西氏領の獲得のみにとどまったのである。

相良家墓地■熊本県人吉市

＊遠島■離島への流刑のこと。西軍の指揮官の一人であった宇喜多秀家は、八丈島への遠島に処せられている。

第三部　西軍として転戦した筑後の諸大名

西軍として戦った立花宗茂は敗戦後に帰国したが、同じ西軍の鍋島直茂や東軍の黒田・加藤氏の攻勢にさらされた。ここでは、宗茂・直茂ら筑後の諸大名の軍事行動から、中央での戦闘終結後にさまざまな思惑で躍動する大名の生きざまをみていこう。

立花宗茂画像■東京大学史料編纂所蔵模本

第一章　情勢を見極めた老将・鍋島直茂

九州国分後の大名配置

九州国分によって、毛利元就《もとなり》の三男小早川隆景《たかかげ》は筑前一国に加えて、肥前国において一郡半（基肆《きい》郡・養夫《やぶ》郡半分）、筑後国において二郡を配分された。筑後国の隆景領は生葉《いくは》郡・竹野《たけの》郡である。また、隆景の弟秀包《ひでかね》は筑後国のうち、山本郡・御井《みい》郡・御原《みはら》郡を配分され、居城を久留米《くるめ》（福岡県久留米市）に置いた。

上妻《かみつま》郡を配分されたのは、筑紫広門《つくしひろかど》である。『寛永諸家系図伝』では筑紫氏を少《しょう》弐《に》氏の庶家とするが、その系譜は定かでない。十四世紀末頃から、筑前国御笠《みかさ》郡筑紫（福岡県筑紫野《ちくしの》市）を本拠とする少弐氏家臣として活動していたことが確認できる。十五世紀末以降になると、少弐のほか、大内《おおうち》、大友、毛利など周辺の戦国大名と連携、あるいは従属することによって、肥前・筑前・筑後三国の国境地帯を領する国衆へと成長した〔堀本一九九七〕。

広門は当初、大友方であったが、のちに秋月氏や龍造寺《りゅうぞうじ》氏と連携して反大友方として活動した。天正十三年（一五八五）に北上を開始した島津氏にも当初は従属

筑紫氏の居城・勝尾城の空撮■佐賀県鳥栖市　写真提供：鳥栖市教育委員会

姿勢を示したが、天正十四年になると、大友氏の秀吉への接近に呼応して島津方から離反し、娘を大友方の高橋紹運の子統増《むねます》に嫁がせた。その結果、島津勢の攻撃をうけて同年七月、居城勝尾《かつのお》城（佐賀県鳥栖《とす》市）を攻略され、広門は島津氏に捕縛された。

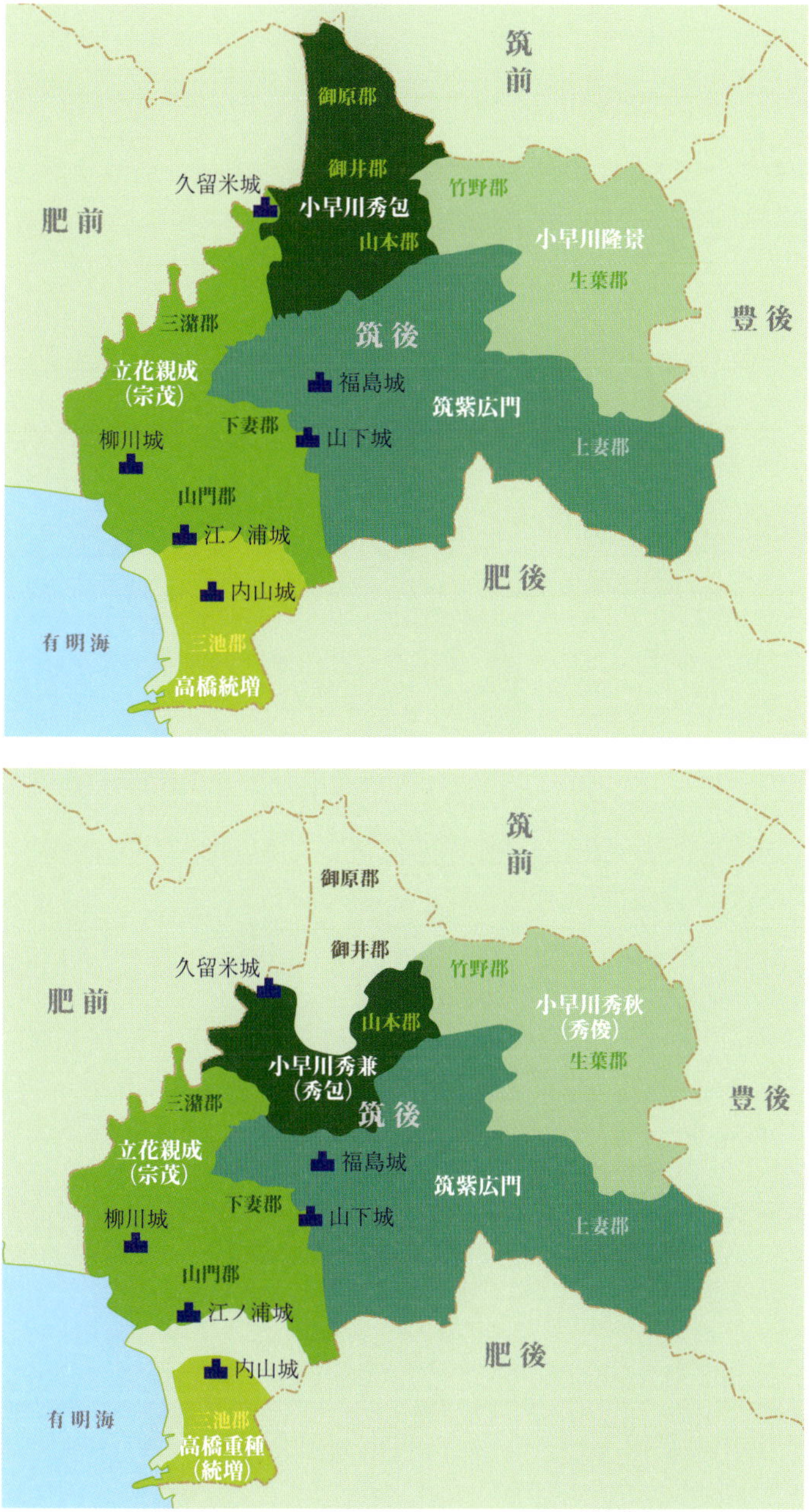

図10　筑前国の勢力図（上：九州国分け段階、下：関ヶ原の戦い段階）

その後、九州征討の開始によって島津勢が北部九州から撤退すると、同年八月末には勝尾城を奪還した。このような反島津氏の行動を評価されて、独立大名として認められたが、旧領安堵ではなく、筑後国上妻郡に移された。居城は山下《やました》城あるいは福島《ふくしま》城（福岡県八女《やめ》市）で、石高は一万八千石と伝わる。

山門《やまと》郡・三潴《みづま》郡・下妻《しもつま》郡を配分されたのは、立花宗茂（当時は統虎《むねとら》）である。宗茂は大友氏家臣高橋紹運の長男であったが、紹運とともに大友氏の筑前国支配を担った立花山城（福岡県新宮《しんぐう》町・久山《ひさやま》町・福岡市）主戸次《べっき》鑑連《あきつら》（道雪《どうせつ》）の養子となって、名字立花を称した。天正十四年の島津勢北上時には立花山城に籠もって抵抗し、島

高橋紹運画像■福岡県柳川市・天叟寺蔵

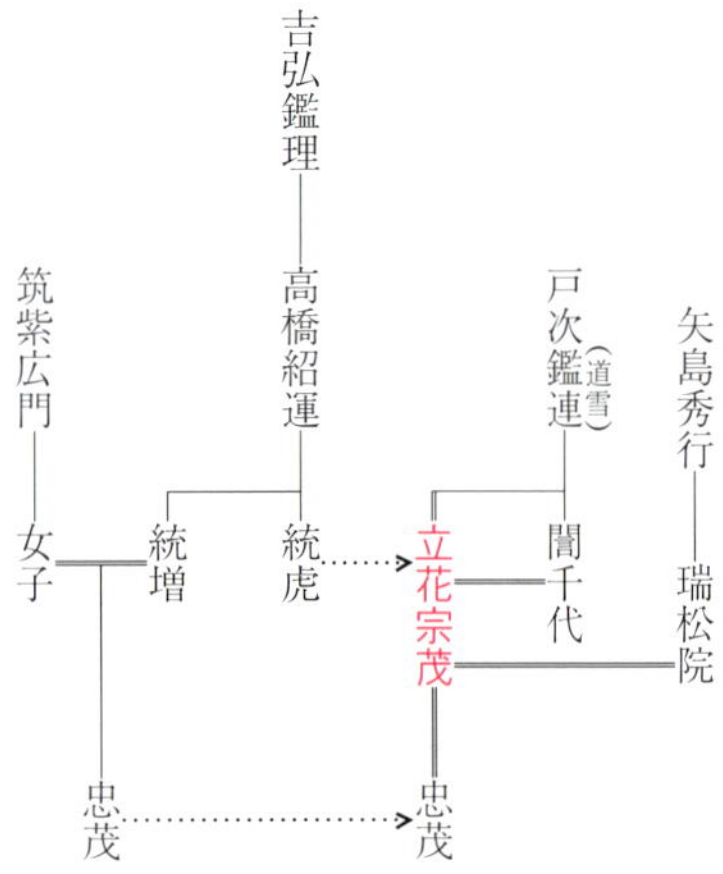

系図６　立花宗茂関連略系図

津勢撤退後、島津方の高鳥居《たかとりい》城（福岡県篠栗《ささぐり》町・須恵《すえ》町）を攻略した。このような戦功によって、大友氏から独立した大名として取り立てられたのである。居城は柳川城（福岡県柳川市）、石高は約十三万石であった。

三池《みいけ》郡を配分されたのは、紹運の次男（宗茂の弟）高橋統増である。島津勢の北上時に父紹運が岩屋城で討ち死にした際、宝満城を守備していた統増も島津氏に捕縛されたが、父や兄の戦功によって大名に取り立てられた。石高は約一万八千石、居城は江ノ浦《えのうら》城（福岡県みやま市）であった。

なお、秀吉の猶子であった秀俊《ひでとし》（のちの秀秋）が文禄四年（一五九五）に隆景領を継承した際、知行地の変更が実施された。筑後における秀俊領が生葉郡・竹野郡に加え、御原《みはら》郡全体と御井《みい》郡の一部、秀包領が山本郡に加え、御井郡・三潴郡・上妻郡の一部、筑紫氏領が秀包へ割譲した広川《ひろかわ》・下広川庄を除く上妻郡、立花氏領が山門郡・下妻郡に加

小早川秀秋画像■秀秋の入部は、九州諸大名の知行地替えに大きな影響を与えた　京都市東山区・高台寺蔵

（右ページ）宗茂の養父・戸次鑑連（道雪）の墓■福岡県新宮町・梅岳寺

宗茂の父・高橋紹運が壮絶な討ち死にを遂げた岩屋城跡■福岡県太宰府市

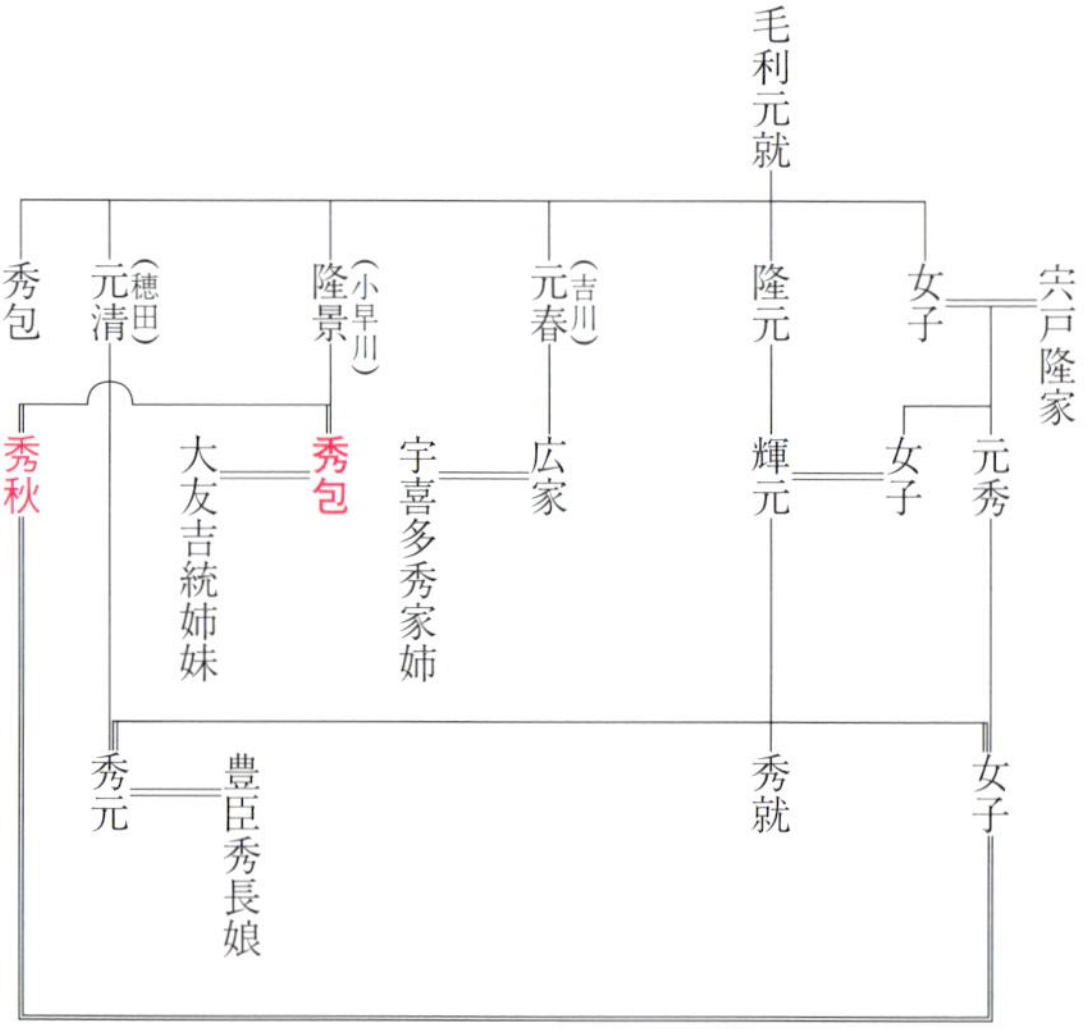

系図７　毛利・小早川氏関連系図

え、三潴郡・三池郡の一部、高橋氏領が三池郡の一部とされた〔中野二〇〇一、中野・穴井二〇一二〕。

　この知行地変更にともない、高橋氏は内山《うちやま》城（福岡県大牟田《おおむた》市）へ居城を移転させている。また、関ヶ原の戦い当時、小早川秀包は秀兼、立花宗茂は親成、高橋統増は重種を名乗っている。

高橋重種の居城・宝満城の石垣■福岡県太宰府市

■すべての大名が西軍へ■

　筑後の諸大名は、すべて西軍に荷担した。このうち、小早川秀兼については、八月十三日付け小早川秀兼書状写（山口県文書館蔵「譜録」）に、

　私もこのような状況ですので、討ち死にするかもしれません。（中略）そこで、

小早川秀包画像■山口市・玄済寺蔵

他のことにはかまわず、軍勢を呼び寄せました。とにかく、家康が西上してきたら、決着をつけるつもりです。そちらの他大名領との境界が危険になるとは思いますが、こちらで命令されたこともなかなかできず、悔しいことです。（中略）立花宗茂などは上洛が遅れており、困ったことだと思います。こちらにおいて兵力の督促が厳しいため、軍勢を呼び寄せたのです。そちらは今となってはなるようにしかなりません。万一の場合、不慮の事態になることもあるでしょう。妻子が恥をかかないようにお願いします。

とあり、反徳川闘争決起後、早くから軍事行動に参画したことがうかがえる。また、兵力が少なく十分な働きができなかったため、筑後の守備を犠牲にしてまで、追加兵力を筑後から徴発しようとしたことがわかる。

一方で、秀兼によって上洛遅延を「笑止《しょうし》」[*1]とされた立花氏のほか、筑紫氏の上洛も遅延していた。八月朔日付け筑紫主水正《もんどのかみ》[*2]宛て宇喜多

＊1　笑止■笑いたくなるくらいばかばかしいこと。

＊2　筑紫主水正■広門の弟で養子となる。のちに広門を名乗る。

立花山城跡■福岡県新宮町

京極高次画像■丸亀市立資料館蔵

秀家・毛利輝元・石田三成・豊臣三奉行連署状（「筑紫家文書」）に、「先日の書状で申し入れましたが、ご上洛が遅れているため、再度申し入れます」とある。

この遅延について、筑紫良泰《よしやす》が慶安《けいあん》五年（一六五二）に作成した由緒書[*1]には、

> 主水正は家康と敵対する意思はなかったが、西国衆はすべて上方におり、石田三成方であった。隣国の立花宗茂・高橋重種・小早川秀兼が三成に従って上洛したので、主水正も家康に荷担することはできず、やむなく上洛した。主水正はどうなろうとも、筑紫氏は家康への敵意はないので、留守居衆は加藤清正に味方するようにと主水正から命じられていることを清正に対して申し入れた。

とある。しかし、事前に家康へ内通していたと主張する点で筑紫氏と共通点のある伊東氏が改易されなかったのに対して、筑紫氏が改易されていることから推測すると、良泰の記した西軍荷担理由の信憑性は低い。

※『英名百雄伝』に描かれた宇喜多秀家■

＊1　由緒書■江戸期に福岡藩士となった筑紫氏旧臣筑紫良泰が作成し、熊本藩士となった宗家の筑紫信門へ送ったもの。

宗茂は八月下旬に美濃方面に到着しているが、その他の筑後衆の到着時期は定かでない。いずれにせよ、九月初頭に西軍から離反した近江国大津城主京極高次に対する攻撃に、筑後諸大名は揃って参戦した。高次は九月十五日にようやく降伏したが、同日に関ヶ原の戦闘が一日で終結したため、筑後諸大名は同地での戦闘には参加することなく、敗戦を迎えてしまったのである。

■窮地に陥る立花宗茂■

次に、西軍が敗戦した後の筑後諸大名の動向をみていきたい。

小早川秀兼は毛利勢と行動をともにし、上方にとどまったと考えられる。『萩藩《はぎはん》閥閲録《ばつえつろく》』の由緒書によると、毛利輝元の剃髪にあわせて秀兼も剃髪《ていはつ》し、その後は下向したが、船中で病気になり、十一月末に赤間関《あかまがせき》（山口県下関《しものせき》市）に到着。療養していたが、慶長六年三月に三十五歳で死没した。

筑紫主水正は先にみた由緒書によると、伏見《ふしみ》にいたとされるが、定かでない。

立花宗茂は江戸期に成立した*2「立斎旧聞記《りっさいきゅうぶんき》」によると、大津から大坂へ引き揚げて、大坂城にいた毛利輝元や増田長盛《ましたながもり》に対して城に籠もって家康に抵抗すべきと進言したが、輝元らが即断しなかったため、帰国することにした、という。

大坂籠城の進言に関する同時代史料は確認できないが、①宗茂がいったん大坂へ

*2 立斎旧聞記■「立斎」とは、立花宗茂が寛永十五年（一六三八）十月に隠居したのちに法体となって称した号。「立斎旧聞記」は宗茂の誕生から死没までの一生を記した伝記。元禄二年（一六八九）十二月には成立している。

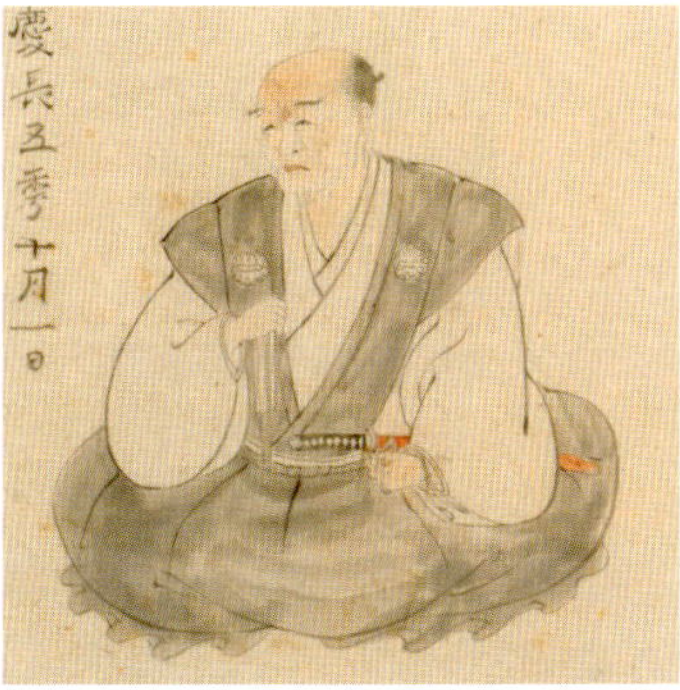

増田長盛画像■国立国会図書館蔵

島津義弘画像■尚古集成館蔵

立ち寄ったこと、②その後、九月下旬に帰国途中だったことは明らかである。

①について、十月二日付け浅野《あさの》[*1]幸長《よしなが》宛て加藤清正書状（『浅野家文書』）に、「そちらで討ちもらされた立花宗茂が妻子を盗み出して下向し、柳川城に入った」とある。大坂城内の輝元や長盛の意思に反して、宗茂が妻子を連れだしたと清正は認識しており、籠城作戦の真偽は不明だが、宗茂が家康との宥和路線に転換した輝元・長盛と決別したことを示している。

②について、九月二十七日付け島津忠恒宛て宗茂書状（「島津」）に、「維新様《いしん》（島津義弘）と同行し、途中まで下向してきました。私の考えを維新様や家臣の方々へお話しして、帰国後に神文を差し上げます」とある。関ヶ原の敗戦によって直面した危機的状況を、慶長四年（一五九九）閏三月に結んだ島津父子との同盟関係を基軸として対処しようとしたことがわかる。とりわけ、関ヶ原で直接家康と戦った戦

大坂城遠望■中央にみえる天守は、昭和六年（一九三一）に復興されたもの　大阪市

*1　浅野幸長■長吉（長政）の子。関ヶ原の戦いでは、東軍の先手衆として、岐阜城攻撃に参加する。戦後、紀伊国を与えられ、紀州藩初代藩主となる。

犯である義弘との連携は、宗茂が九州にて家康に対し徹底抗戦するつもりだったことを示している。

ところが、帰国した宗茂は、味方であるはずの隣国肥前の鍋島直茂・勝茂《かつしげ》[*2]父子の寝返りにより、さらなる危機に追い込まれるのである。

■龍造寺領国の統括者・直茂■

関ヶ原の戦いに至るまでの鍋島氏については、先行研究に詳しいため、本書では概略のみを紹介しよう。

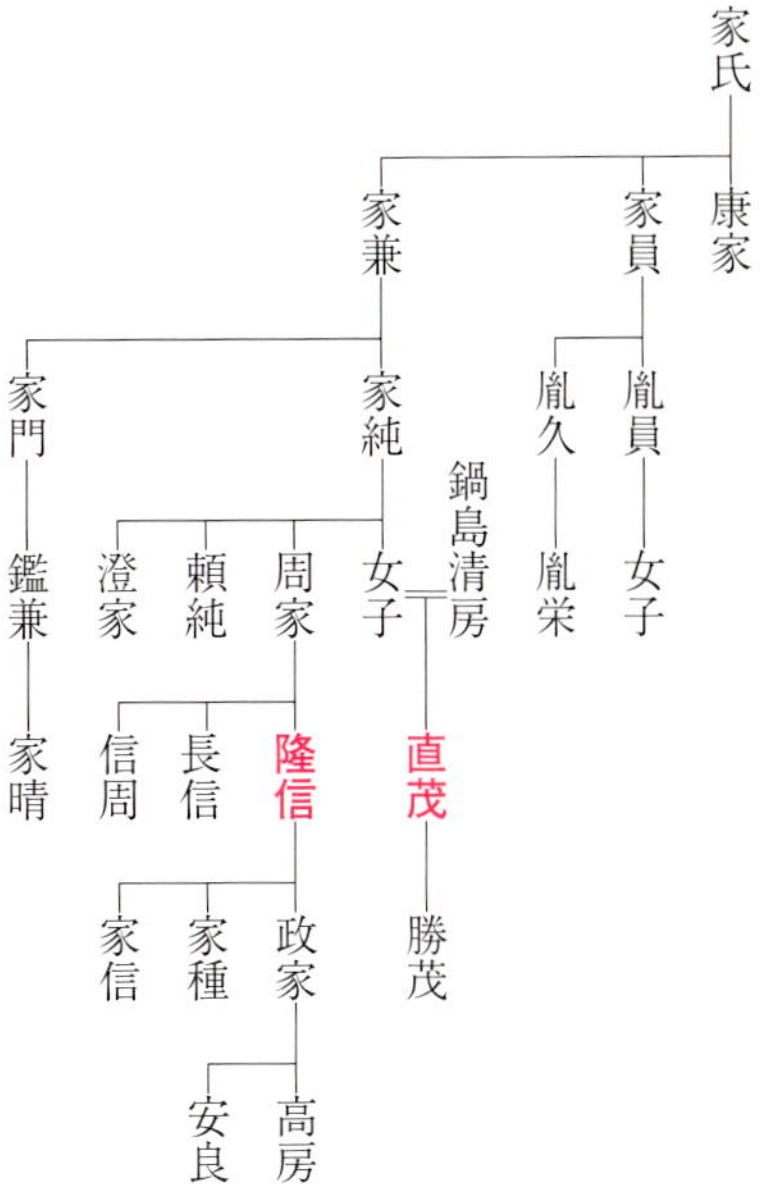

系図8　龍造寺・鍋島氏略系図

＊2　鍋島勝茂■直茂の長男。文禄の朝鮮出兵では父とともに渡海し、関ヶ原の戦いでは、当初は西軍、のちに東軍に属し、本領を確保する。江戸幕府下では、佐賀城・城下町の整備や検地の実施など、積極的な領国経営に努めた。初代佐賀藩主として、甲冑や茶碗、皿など数多くの遺品が伝存している。

鍋島氏は、肥前国佐賀（佐賀市）を本拠とした戦国大名龍造寺氏の有力家臣であった。龍造寺氏は隆信《たかのぶ》の代に全盛期を迎え、隆信の叔母（龍造寺家純《いえずみ》娘）と鍋島清房《きよふさ》の間に生まれた鍋島直茂は、筑後の経営を担当するな

系図9　鍋島氏略系図

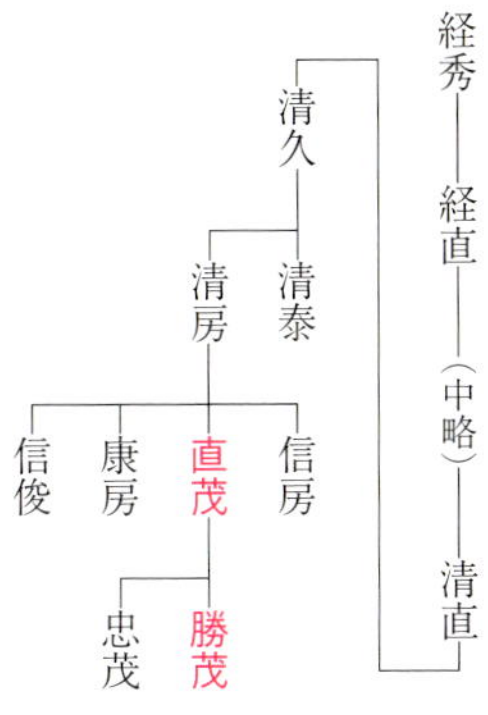

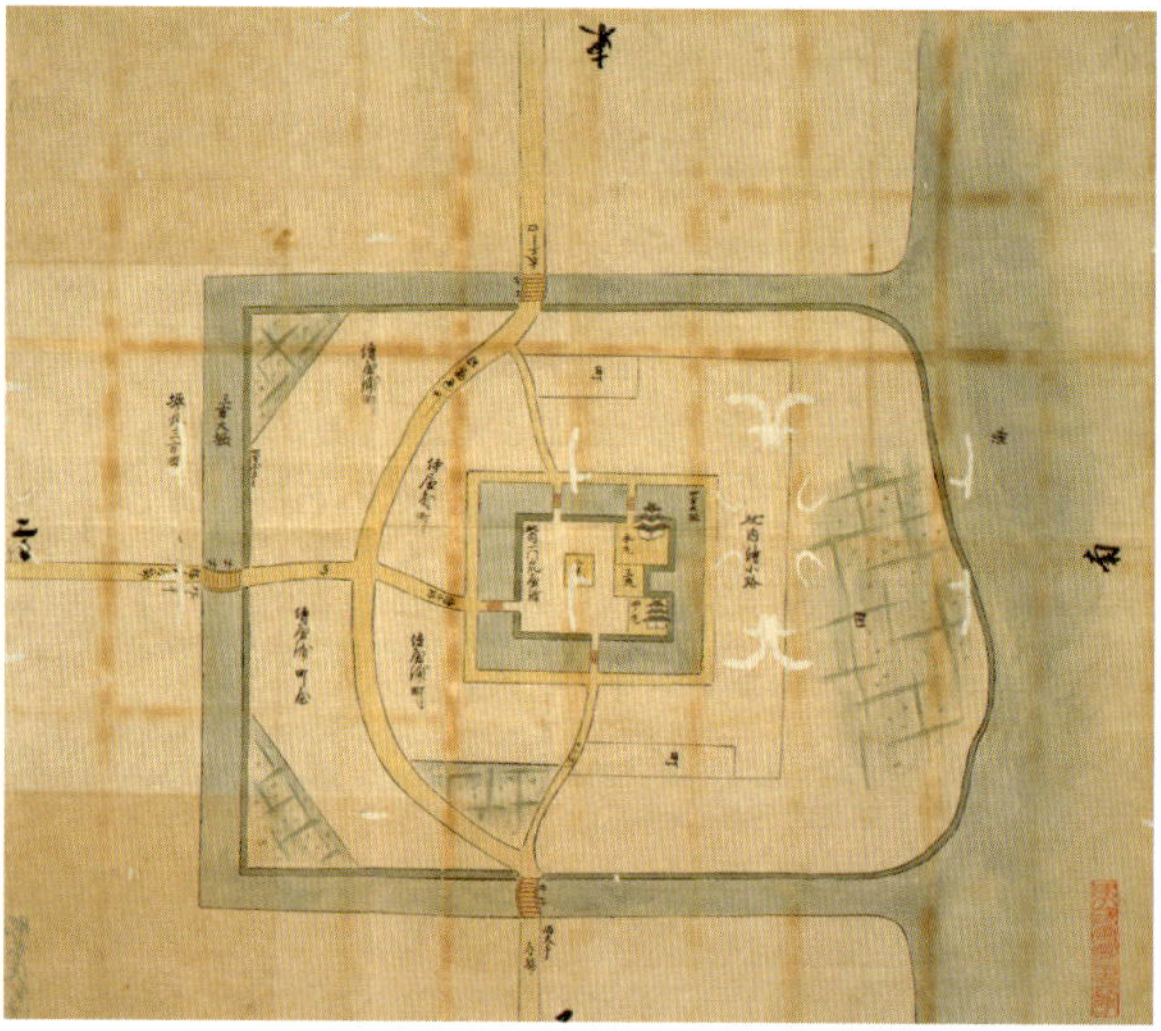

近世に描かれた佐賀城絵図■龍造寺氏の居城だった村中城を、鍋島直茂・勝茂が近世城郭佐賀城へと拡充・整備した 「日本古城絵図」より 国立国会図書館蔵

ど龍造寺領国の拡大を支えていた。ところが、天正十二年（一五八四）の島原《しまばら》の戦いで島津・有馬勢に敗れて隆信が討ち死にすると、龍造寺領国は混乱状況に陥った。隆信の子政家《まさいえ》は病弱だったともいわれる。そこで、直茂を執政《しっせい》とする領国運営へと転換することとなり、直茂は秀吉とよしみを通じることによって、大友氏や島津氏に対抗しようとした。

その後、龍造寺氏は島津氏と講和したが、秀吉の九州征討が決まると、島津方から離反して、豊臣政権に従って島津氏攻撃に参加。その結果、龍造寺氏は九州国分により、肥前国のうち七郡（佐賀・小城《おぎ》・神埼《かんざき》・三根《みね》・杵島《きしま》・藤津《ふじつ》・松浦《まつら》）を配分された。また、直茂にも肥前国養夫郡半分と有馬郡神代を配分する秀吉朱印状が出され、直茂は龍造寺氏家臣でありながら、秀吉から独立的な地位を認められることになった。

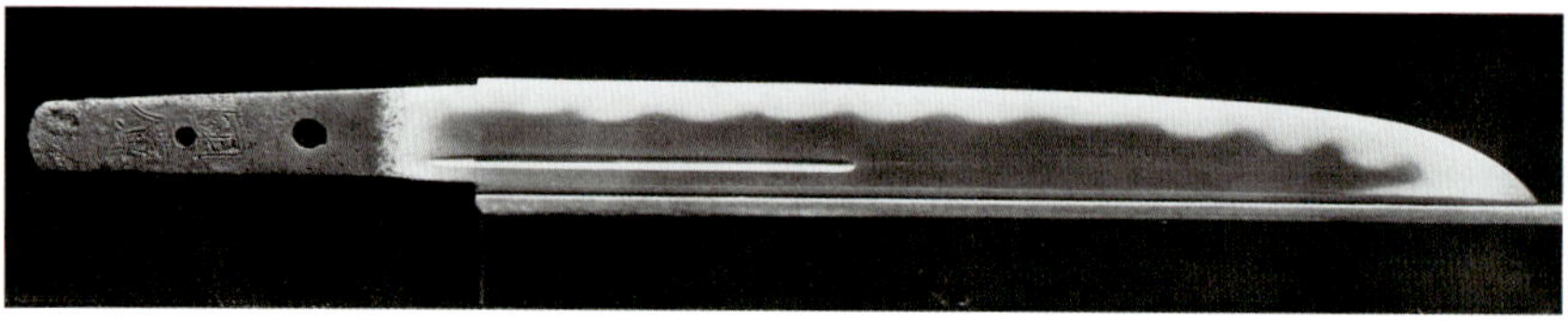

龍造寺隆信の所用と伝わる短刀（銘国広）■隆信の死後、鍋島家に寄進される。作者の相州国広は、新藤五国光の子あるいは弟とされ、文保、元亨年間の作品が存在する。大正 12 年（1923）の関東大震災で焼失　佐賀市・松原神社旧蔵

天正十八年には、秀吉から政家嫡子藤八郎（高房《たかふさ》）への知行割朱印状が出され、政家の隠居と高房の家督継承が認められた。それと同時に、直茂・伊勢松（のちの勝茂）父子のほか、龍造寺氏一門・重臣に対する知行地指定が行われ、直茂父子は

龍造寺隆信・政家・高房画像■上の人物が隆信、右下が政家、左下が高房　佐賀県立博物館蔵

政家父子を上回る知行高を与えられ、実質的には直茂が領国を統括する体制となる。

朝鮮侵略での軍役賦課《ぐんやくふか》も直茂に命じられるなど、豊臣政権は鍋島氏を龍造寺領国の統括者と認定していたが、形式的には龍造寺氏家中の当主は高房であった。このような複雑な状況下で、直茂・勝茂は関ヶ原の戦いを迎えていた。

西軍に属した鍋島氏

十九世紀半ば頃に佐賀藩が編纂した「直茂公譜考補」や「勝茂公譜考補」では、会津征討に直茂も参加を望んだが、九州が心配なので肥前へ下向し、黒田如水や加藤清正と相談して九州を守備するように家康から依頼されたとする。そこで直茂は、龍造寺高房と勝茂を会津征討に参加させることにして自らは肥前へ

肥前国絵図■南を上にして描かれている。九州国分後に龍造寺氏に与えられた七郡は左下に見える※

（左ページ）安濃津城の本丸に至る西鉄門虎口の石垣■東軍についた城主・富田信高は、八月二十四日に西軍の総攻撃をうけ、降伏した　津市

下向したが、家康から遅れて出発した勝茂らは、近江《おうみ》国愛智《えち》川で三成の兄石田正澄《まさずみ》によって進行を止められ、やむなく大坂へ引き返して西軍に荷担したという。

また、安濃津《あのつ》城（三重県津市）開城後、東軍に荷担した伊勢《いせ》国長島《ながしま》城主の福島正頼《まさより》（正則の弟）に備えるため、伊勢国野代《のしろ》（三重県桑名《くわな》市）に布陣したが、この布陣中にも勝茂は徳川氏重臣の井伊直政へ通交しようとしたが叶わなかったとされる。

さらに、関ヶ原での戦闘の前日である十四日には、宇喜多秀家・石田三成から関ヶ原への転戦を要請されたが、長島への備えが必要であるとして拒否したという。これらは、家康との対決を避けようとしたことを示唆している

しかし、「直茂公譜考補」「勝茂公譜考補」に記された内容を証明する同時代史料は確認できない。勝茂は西軍に荷担して伏見城（京都市伏見区）や安濃津城攻撃に参加しており、やむをえず西軍に荷担した様子は表面的にはみられない。

次に、肥前に在国していた直茂は、八月十日付けで黒田如水へ以下のような書状を出している（「川崎氏所蔵文書」）。

> 増田長盛・長束正家《なつかまさいえ》・安国寺恵瓊から急いで上洛するようにという書状が到来したのですが、今まで遅延してしまいました。増田らが不審に思っていると聞いたので、上洛しなければならないと思い、今日こちらを出立したところ、勝茂に従って伏見城攻撃に参加した者が、伏見落城の様子をみてこちらへ下向し、今夜到着したので、上洛は延期しました。

龍造寺高房の墓■直茂の養子となり、孫娘を娶ったが、実権がないことに不満を募らせ、慶長十二年（一六〇七）三月に切腹未遂事件を起こす。その半年後、毒魚を食べて激しく馬を乗りまわしたために傷口がやぶれ、死去したという　佐賀市・高伝寺

この時点の如水は、東軍方であることを明確にはしておらず、直茂が当初から東軍へ荷担したがっていたことを示すものとはいえないが、九州の情勢に不安を覚え、できれば国許にとどまりたいと考えていたことがうかがえる。

一方で、関ヶ原での西軍の敗報が到達する以前の九月二十六日、直茂は豊後毛利氏家臣の森則慶《もりのりよし》に対し、「敵（如水・清正）が攻め寄せてきた際には、事前にお知らせいただければ、留守居の者と相談して何とかします」と述べており（「坊所鍋島家文書」）、西軍に荷担する姿勢を示している。しかし同書状では、豊後毛利氏からの援軍要請については、高房・勝茂のほか親類衆など主だった軍勢が伊勢に在陣していること、遠方であること、龍造寺政家に相談したが許可が得られなかったことを理由に断っており、西軍として積極的な軍事行動に参加する意思もなかったことがうかがえる。上方・九州双方の情勢を見極めようという、老獪《ろうかい》な直茂の判断と考えられる。

関ヶ原での西軍敗北後の勝茂は、十八日に大坂の屋敷に到着する。その後、島津義弘による同行勧誘を拒否して大坂にとどまり、二十五日に伏見で家康に対面し、立花氏征討を命じられたという。勝茂の大坂出立は二十六日あるいは二十七日、佐賀到着は十月十一日、父直茂とともに軍事行動を開始するのが十四日。時系列に不自然な点はないが、九月二十六日まで家康は大津に滞在しており（相田二〇一一）、伏見で勝茂と対面することはありえない。些末《さまつ》な点ではあるが、後世に編纂された

鍋島氏の居城・佐賀城の石垣■当初は本丸・二の丸の周囲と、三の丸・西の丸の一部にも石垣を築く予定だった。しかし、武家諸法度の発布により、城郭の新規造営が禁止されて未完に終わり、本丸の一部のみの築造にとどまった　佐賀市

記録に依拠することの危険性を示す一例である。

伊東氏や相良氏についてはすでに指摘したが、関ヶ原の戦闘後に東軍へ寝返ったことにより大名としての地位を保った藩において、江戸期に編纂された記録類の記述の信憑性には疑問が残る。鍋島氏の場合、龍造寺家との関係も絡み、関ヶ原の戦いにおける直茂・勝茂の行動を正当化しなければならなかった点に留意すべきことを強調しておきたい。

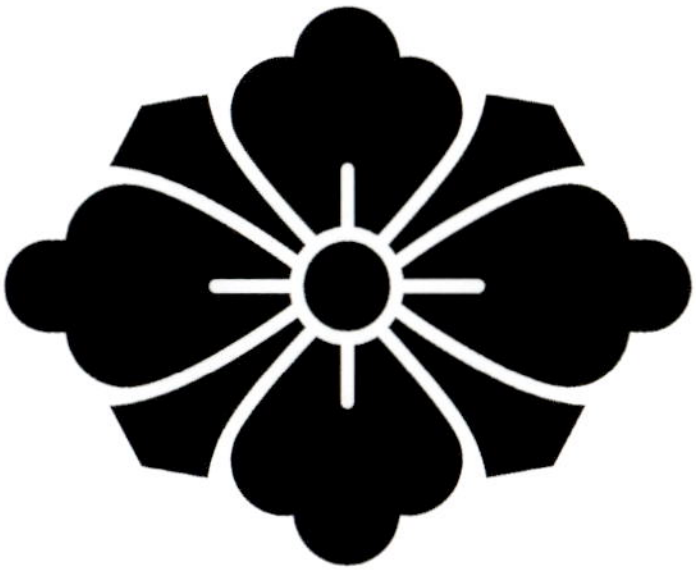

鍋島氏の家紋■当初は上の「剣花菱」を使用していたが、のちに下の「杏葉」を用いるようになる。

鍋島氏の菩提寺・賢崇寺■勝茂が早世した息子の忠直の菩提を弔うため、寛永十二年（一六三五）に建立。以降、鍋島氏の菩提寺となり、勝茂・忠直のほか、小城藩初代藩主元茂（忠直の兄）、佐賀藩九代藩主斉直の墓などがある　東京都港区

第二章 立花宗茂、鍋島勢と激突

■鍋島勢の筑後進攻■

十月十四日に進発した鍋島勢の、その後の動きがわかる十月二十七日付け島津義久・義弘・忠恒宛て立花親成（宗茂）書状案（「島津」）をみてみよう。

近日は連絡できませんでした。そちらへの通行が困難で連絡が遅れました。

一、去る十四日、龍造寺氏領国中から徴発された兵が、久留米（秀兼）領から筑後川を渡河してきました。豊前の如水勢も共謀して進攻し、小早川秀兼居城（久留米城）の留守居の者たちを武力で圧迫して、人質をとって下城させ、十五日に私の所領の所々に侵入しました。こちらから少々兵を出して勝利を得ました。

一、（敵は）大勢ですので、こちらの小勢では手広く守備することはできません。所々の出城については兵を撤退させました。そうすると、柳川の近くまで進出してきました。さらに、加藤清正も宇土城を攻略したので、すぐにこちらへ進攻してくるでしょう。筑紫主水正は清正に与同しました。有馬氏などそ

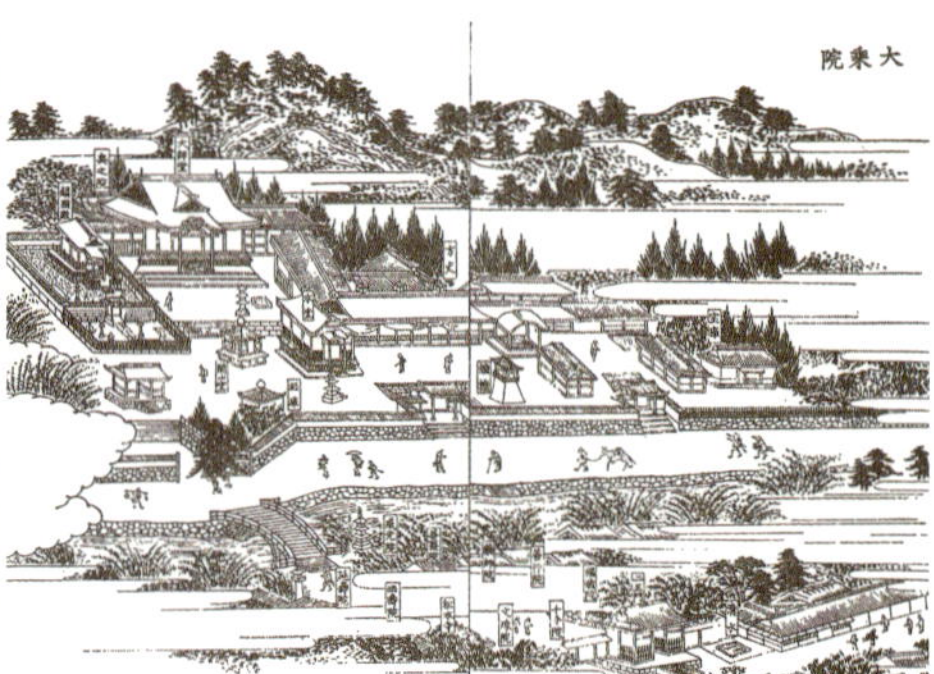

島津氏代々の尊崇を集めた大乗院■「釈迦八相図」を奉納した義久をはじめ、中世・近世の島津氏によって厚く信仰された『三国名所図会』より

の他の大名、もちろん如水も押し寄せてくるでしょうから、籠城することになりました。

一、かなり柳川の近くまで進出してきたので、兵を出して、鍋島勢の陣所を攻撃しました。数時間戦い、勝敗はつきませんでした。しかし、敵は大勢で、味方は小勢なので、有力家臣に死傷者が出て、柳川城ぎりぎりの所まで諸勢が押し寄せて布陣しました。ちょうどその頃、京都に残しておいた使者が下向してきて、何はおいても赦免するようにと（家康が）おっしゃられたとのことなので、清正・如水へ理由を話して、講和することになりました。

島津忠恒（家久）画像■父義弘の帰国後、徳川氏との折衝にあたった　尚古集成館蔵

鍋島勢はまず小早川秀兼領へ侵入した（一条目）。『萩藩閥閲録』の由緒書によると、宗茂は大坂から下向する際、秀兼も下向して一体となって東軍に抵抗したのち、所領安堵の条件で講和に持ち込む策を提案したが、秀兼は毛利宗家と行動をともにすることを選んだとされる。

その結果、久留米には秀兼の妻子と留守居家臣のみが残されることと

福岡藩主黒田家墓所■黒田如水や長政らが祀られている。黒田家の菩提寺・崇福寺の西北に位置する　福岡市　写真提供：福岡市

なった。「秀包記」によると、久留米城は秀兼室マセンシア（大友宗麟娘）・嫡子市《いちの》正《かみ》（のちの毛利元鎮《もとしげ》[*1]）のほか、重臣桂快友《かつらかいゆう》（広繁《ひろしげ》）・白井洞竹《しらいどうちく》（景俊《かげとし》）ら五百の兵で守備しており、鍋島勢に加えて黒田勢の攻撃をうけたが、数日間守り抜いたのち、如水の説得によって開城。如水へ秀兼の娘、鍋島へは快友の息子を人質として差し出し、マセンシア・市正は長門《ながと》国へ退去したという。

しかし、宗茂は久留米城をめぐって大規模な戦闘がおこなわれたと認識していない（一条目）。秀兼不在で少人数の兵が残されていたにすぎなかったため、秀兼と親密な関係にあった如水の説得により、すぐに開城したと考えられる。

次に、筑紫氏は清正に接近して立花氏への敵対姿勢を示したと認識されている（二条目）。これに対して宗茂は、筑紫氏の与力的存在であった五条《ごじょう》家（上妻郡を拠点とした国人領主）を取り込むことによって、筑紫勢の参戦を阻止しようとした。

十月十五日付けで筑紫氏家臣から五条へ宛てた起請文（『五条家文書』、以下『五条』）には、「柳川（宗茂）から所用があるということで（五条長安《ながやす》らが）赴いたところ、思いがけず抑留された」とある。この抑留に関連して、宗茂は十三日付けで「我々は（家康に対して）弁明するより他にないので、協力していくという方針には私も賛成です。（ところが筑紫氏が）こちらに対して手切れするという噂があります」と述べる（『五条』）。

また、立花賢賀《けんが》[*2]（薦野増時《こものますとき》）・小野鎮幸《おのしげゆき》（いずれも立花氏重臣）から長安の父宗忠《むねただ》

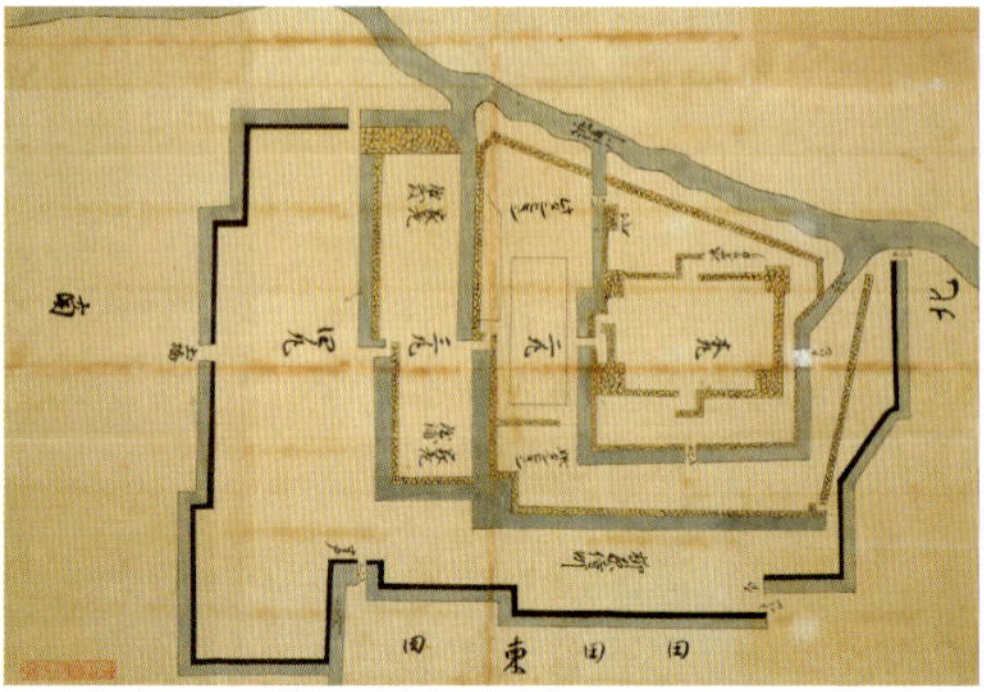

筑後久留米城図■「日本古城絵図」より 国立国会図書館蔵

*1 毛利元鎮■吉敷毛利家の祖。父母の影響により洗礼をうけ、「フランシスコ」を名乗る。慶長六年（一六〇一）の父の死後、毛利輝元から滝部・阿川・殿居の合わせて五千石を拝領。寛文十年（一六七〇）に八十二歳で死去する。

に対する同日付け書状（『五条』）には、「山下（筑紫氏）がこちらに対して私戦をくわだてているようなので、これを鎮めるために、長安らをこちらにとどめました」とある。

五条長安らの抑留という戦略が功を奏したのか、この後、筑紫氏が立花氏攻撃に参加した形跡はない。結果として、鍋島（龍造寺）氏が領国保全に成功した一方、筑紫氏は改易された。なお、筑紫氏は寛永四年（一六二七）に主水正が四千石を与えられ、ようやく家の再興を果たしている。

■江上での立花・鍋島の激闘■

立花氏領へ進攻した鍋島勢と立花勢は十月二十日、三潴郡江上《えがみ》（福岡県久留米市）周辺で激突した。立花氏は「江上合戦」、鍋島氏は「柳川合戦」と称している。宗茂は勝敗がつかなかったとしているが、立花氏にとって、立花統次《むねつぐ》・新田《にった》鎮実《しげざね》ら有力家臣が討ち死に、小野鎮幸ら重臣層も負傷するという苦戦ぶりであった（十月二十七日付け書状の三条目）。

江上合戦の当日、鍋島直茂は肥後加藤氏家臣吉村橘左衛門尉に対して、「今日陣替えしたところ、八郎院《はちろういん》表《おもて》へ敵兵二三千が攻めかかりましたが、防戦して勝利しました。騎馬兵三百余りを討ち捕り、蒲池《かまち》へ追い詰めて、八郎院へ陣を置きました。

＊2　薦野増時■戸次鑑連（立花道雪）に仕え、立花姓を許され、立花氏の重臣として各地を転戦。息子の成家は宗茂の妹を妻としている。関ヶ原の戦いで宗茂が改易されたのちは、黒田家に仕える。死後は分骨され、一つは生前の約束により、道雪の墓（福岡県新宮町・梅岳寺）と並べて葬られ、もう一つは養徳山（福岡県古賀市：左写真）に埋葬された。

薦野増時の供養塔■福岡県古賀市　写真提供：古賀市立歴史資料館

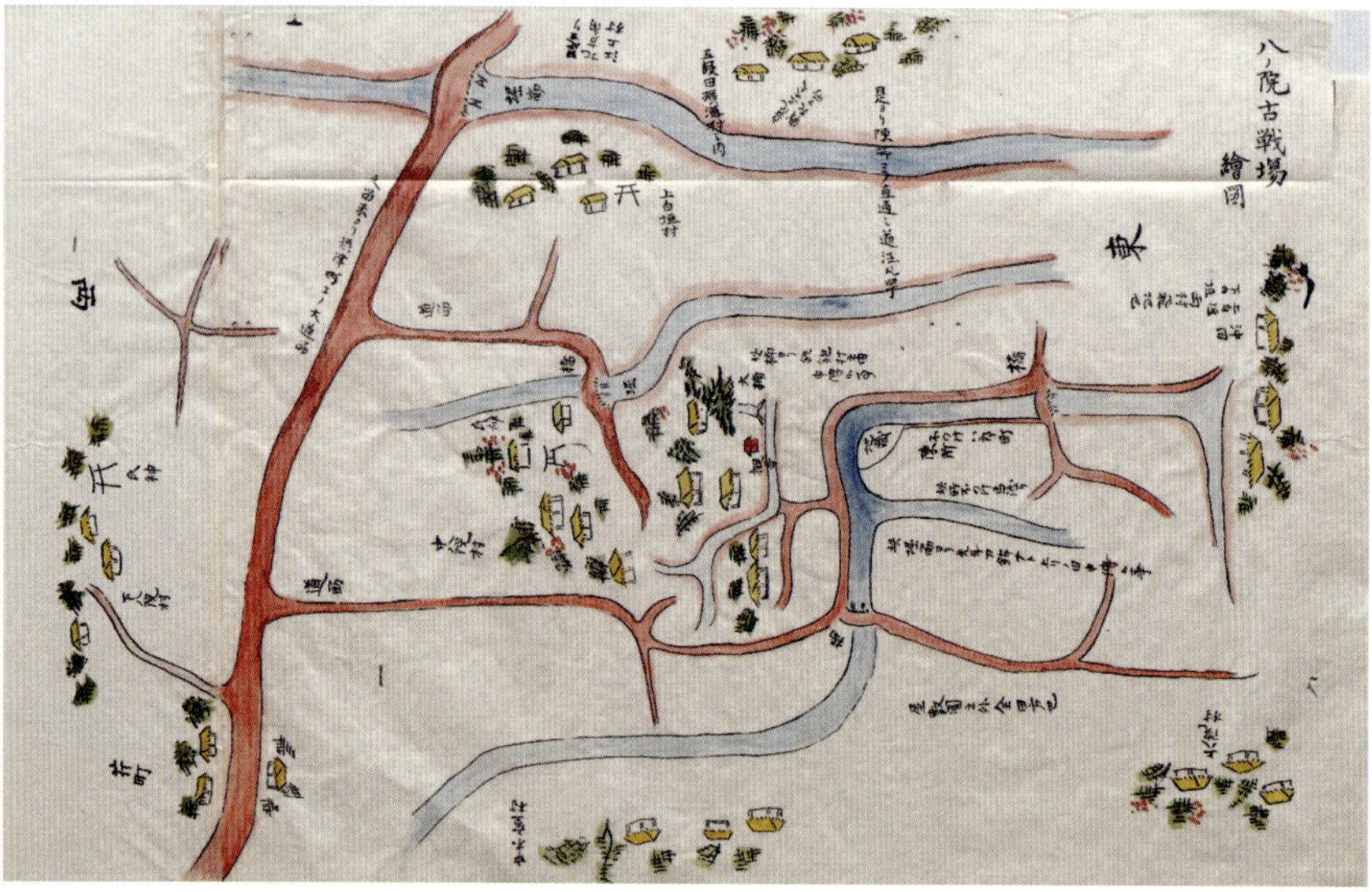

八郎院古戦場絵図■「福島文書」より　国立国会図書館蔵

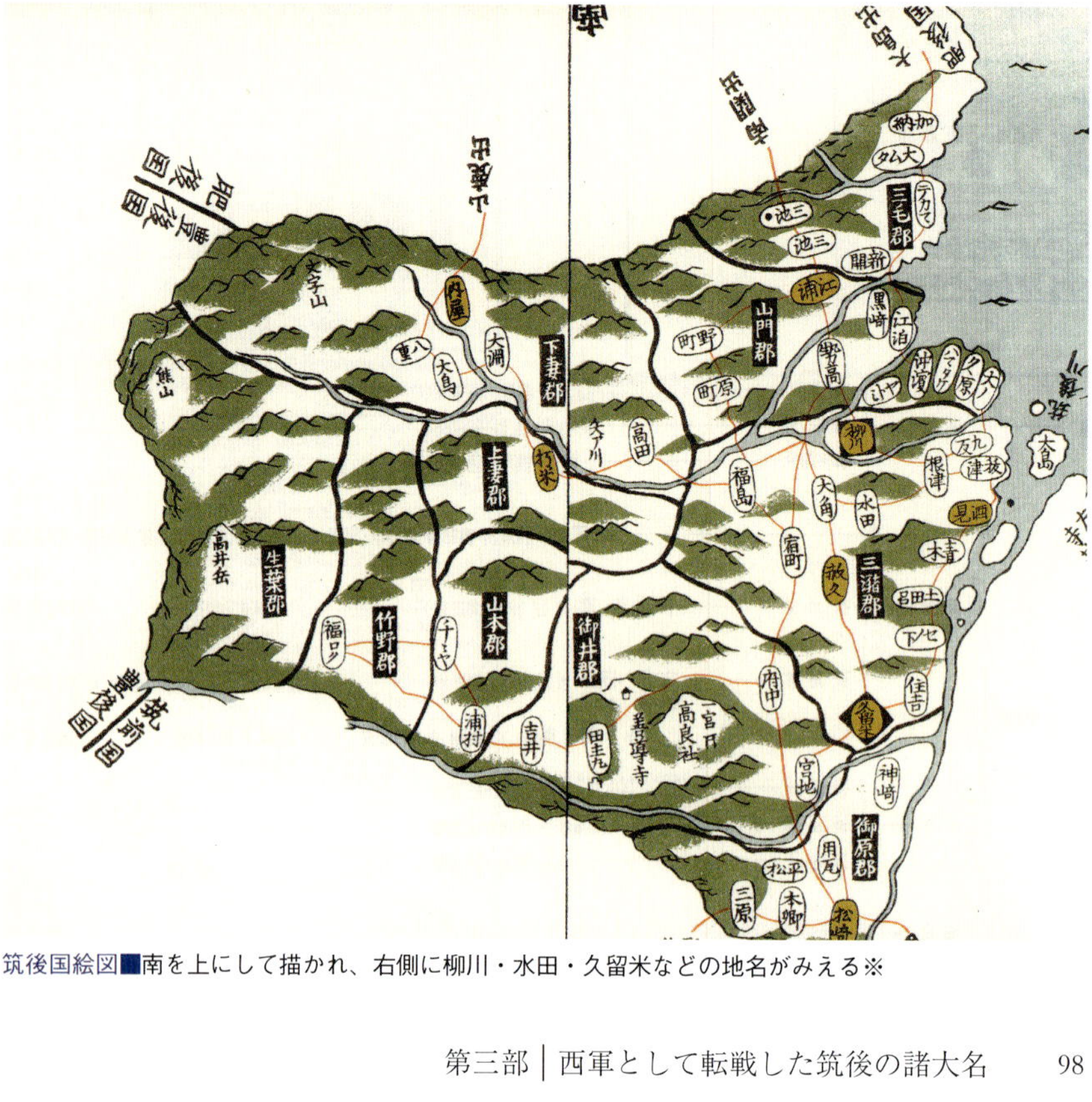

筑後国絵図■南を上にして描かれ、右側に柳川・水田・久留米などの地名がみえる※

八代方面が片付き、清正殿が近日には着陣されるとのこと、了解しました」と書き送っている（「吉村文書」）。

　鍋島勢によって死傷者を出したものの、立花勢は柳川まで退却したのではなく、柳川城の北に位置する蒲池（福岡県柳川市）まで撤退したにすぎない。逆に、鍋島勢は戦場になった八郎院（福岡県大木町）に陣を置き、柳川城へ前進していない。立花勢が勇猛さを示したことに加えて、宗茂自身は出撃しておらず、柳川城には余力が残されていたことから、鍋島勢も追撃を躊躇したと推測される。

　続いて、鍋島氏と同様に筑後への進攻をくわだてていた黒田如水・加藤清正の動向をみていこう。久留米城を開城させた如水は、江上合戦当日、柳川の三里東に位置する水田《みずた》（福岡県筑後市）に布陣していたとされる（『黒田家譜』）。この記述の真否は不明だが、十五日に立花氏領へ進攻したにもかかわらず、立花勢との大規模な戦闘に至っていないことは確実で、久留米城奪取後の如水勢の動きは迅速とはいえない。

　如水は勇猛な立花勢との戦闘によって損害を負うリスクは避

『英名百雄伝』に描かれた立花宗茂■※

八郎院合戦で戦死した立花右衛門大夫父子の墓■福岡県大木町　写真提供：大木町教育委員会

け、清正・鍋島勢とともに柳川城を包囲して圧迫することで、立花氏を降伏させる計画だったのではないか。

しかし、宗茂は鍋島勢との対決を選択した。五条家に対して述べたように、宗茂も最終的には家康に服従するつもりだったが、立花勢の強さをみせつけたのちに講和に持ち込むほうが有利な条件を提示できると考えたのである。如水や清正を相手にした場合、大敗して滅亡に至る恐れがある。また、講和の際に家康への仲介者としては、西軍から寝返った鍋島氏ではなく、如水や清正のほうが適任である。このような判断から、宗茂は鍋島勢との対決を選択したと思われる。

十月二十一日付け清正書状（熊本県立美術館寄託）にも、「柳川表で龍造寺勢が戦闘に入り、勝利した。我が軍勢からも加藤美作守・吉村橘左衛門尉が相談して、町の入口まで攻め寄せたが、こちらに対して応戦する様子はないとのことだ」とある。宗茂は、加藤勢との対決を避けようとしていたのである。

「加藤清正并十六将図」に描かれた吉村橘（吉）左衛門尉■名古屋市秀吉清正記念館蔵

■戦闘終結後の筑後■

十月十五日に宇土城を開城に追い込んだ清正は、十七日、肥後・筑後国境に位置する南関《なんかん》（熊本県南関町）に着陣した。十七日付け吉村橘左衛門尉宛て清正書状（「吉村文書」）に、「柳川方面へ進攻することについて、加藤美作守と相談したとのこと、妥当である。鍋島直茂が攻めかかれば、それにあわせて攻めかかるように。私がすぐにそちらへ出陣するので、おまえたちが積極的に攻撃する必要はない。近日には鍋島直茂との共同作戦を展開するので、そのように心得ること」とあり、立花氏征討への積極的姿勢をみせていた。二十一日付け書状にも、「私は明日、柳川方面へ着陣するので、柳川城の攻略はまもないので、気遣いは無用である」とある。

ところが、二十四日付け加藤喜左衛門尉・下川又左衛門尉（肥後加藤氏家臣）宛て清正書状（京都大学総合博物館蔵）には、「一昨日の申《さる》の刻に町ぎりぎりまで攻め込んだところ、（宗茂が）いろいろと懇願してきたので、しかたなく、今日、宗茂が礼にやってくることに決まった。すでに、家老たちの人質も受け取った。そこで、明日には帰陣する。一泊したのち、薩摩方面へ進攻するので、そのように心得ること」とある。

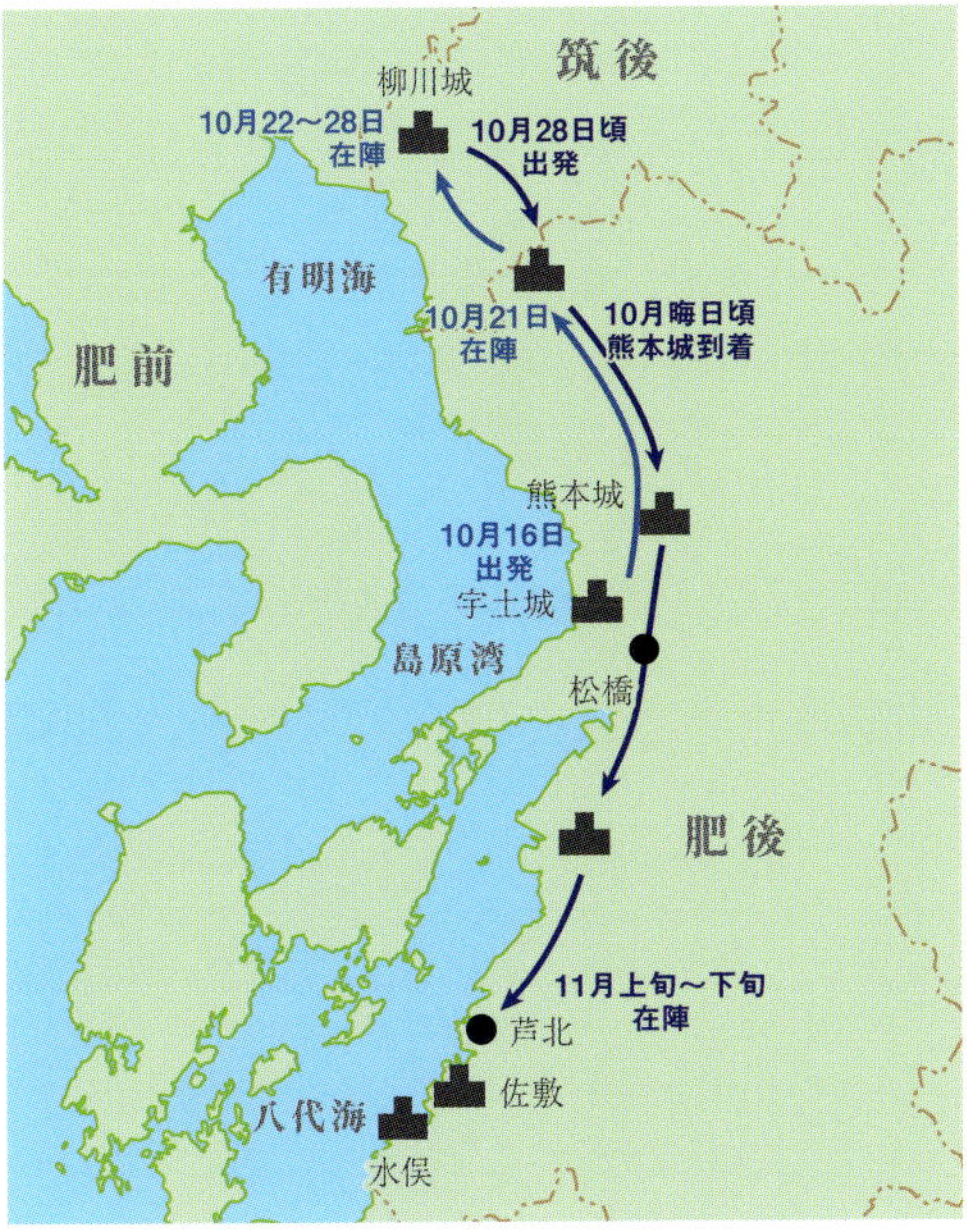

図11　加藤清正の進軍経路②（宇土城開城以後）

柳川城の堀跡■当時は、堀に面して建つ柳川市立柳城中学校のグランド全域ほどの広さがあったという。蒲池氏歴代の居城で、九州屈指の名城とされ、秀吉の九州攻め後は宗茂が居城とした　福岡県柳川市

加藤勢は二十二日に柳川城下町周辺まで進攻したが、大規模な戦闘に至ることなく、立花氏との講和が成立したのである。

講和に至る事情について、十月二十七日付け親成（宗茂）書状では、京都に残していた家臣が家康による赦免方針を伝えたためとしている。十月二十二日付けで立花（米多比《ねたび》）鎮久《しげひさ》に対して宗茂が出した数通の書状（「米多比文書」）に、詳しい経緯が記されている。

一通の書状には、「丹親次《たんちかつぐ》（立花賢賀弟）が今日水田に到着した。明け方か明朝には、こちらへ到着するだろう。立花氏の身上を安堵するという家康の朱印状を持参している。これですべて決着した」とある。ここから、大坂から引き揚げる時点で、宗茂が家康との近い将来の講和を考えていたこと、そのために丹親次らを残して交渉にあたらせていたことがわかる。水田周辺には如水が布陣していたと考えられ、丹親次はまず如水に家康の赦免方針を伝え、仲介を依頼したのではなかろうか。

別の書状には、「今日、加藤清正からも使者を出すようにとのことだったので、三河入道（賢賀）を派遣した。清正は久末《ひさすえ》（福岡県柳川市）に布陣している」とある。また、『黒田家譜』収載の如水覚に「今夕、加藤清正の陣所に貴殿が赴くように」とある。この覚は立花賢賀に宛てたものと考えられる。日付は明らかな誤りで、信憑性には疑問が残るが、親成（宗茂）書状の内容と合致しており、清正との交渉を如水が仲介していた蓋然性は高い。

立花宗茂の主な花押の変遷■実名をたびたび改めた宗茂は、数多くの花押を使用した。ここに載せたもの以外にも、「統乕」「宗乕」「宗虎」「正成」「俊正」の花押が確認できる。

「統虎」

「親成」

「尚政」

先にみたように、清正は筑後を家康から拝領するという認識をもっており、立花氏赦免の方針には不満もあったと思われる。しかし、家康の決定に逆らうことはできず、また、個人的には宗茂と良好な関係にあったと考えられることから、講和は成立した。

宗茂*（十一月上旬から「政高《まさたか》」、同月下旬から「尚政」を称する）は、赦免を所領安堵と認識していたかもしれないが、結局、改易されることとなり、十二月には柳川城から退去した（「今村家文書」）。宗茂は肥後加藤氏の領内に身を寄せつつ、立花氏再興を要望し続け、のちに上方で浪牢《ろうろう》生活を送った後、慶長十一年（一六〇六）頃、陸奥国南郷（福島県棚倉《たなくら》町）に所領を与えられ、最終的には元和六年（一六二〇）、柳川への復帰を果たすのである。

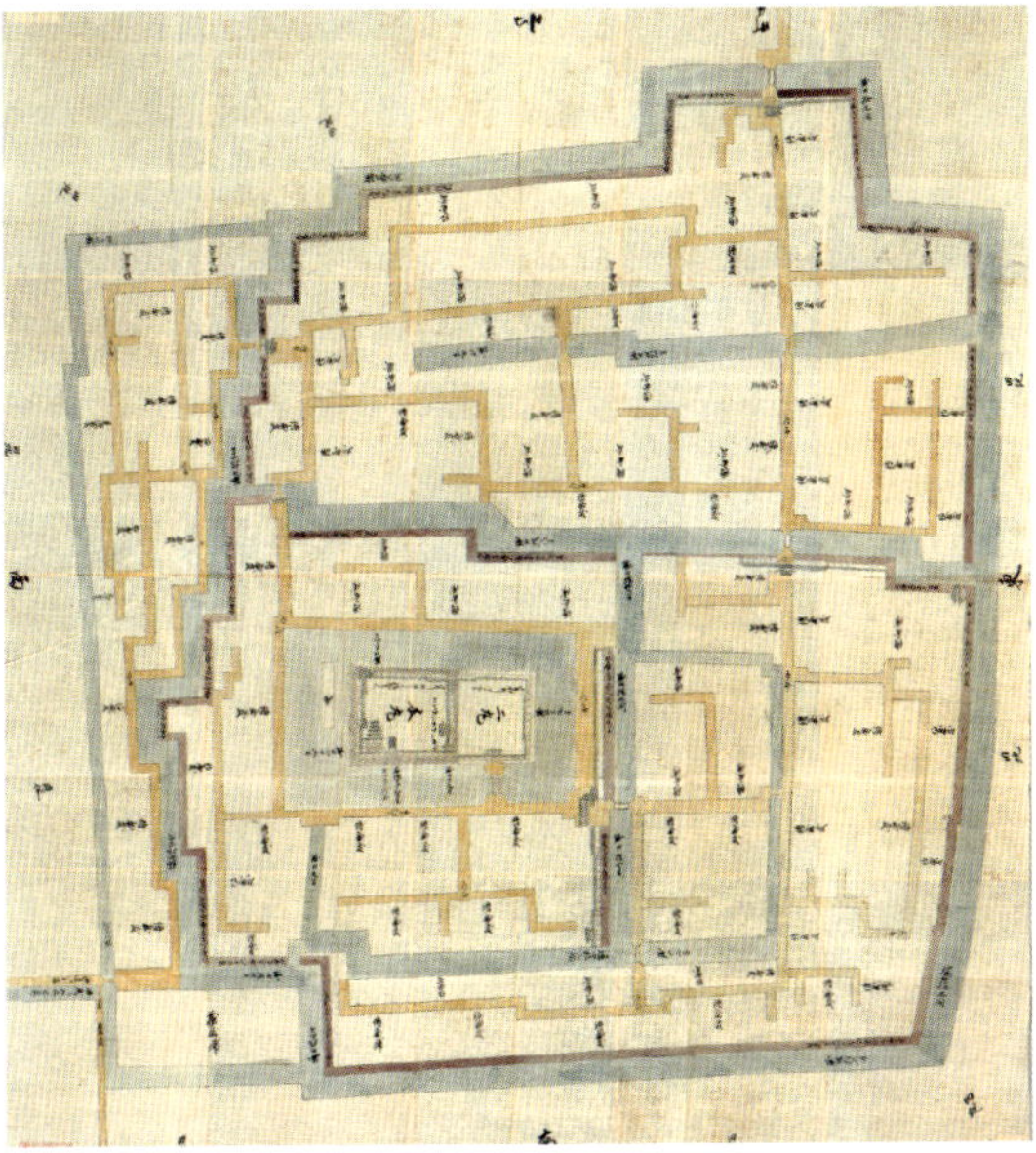

立花宗茂の居城・柳川城の近世絵図■「日本古城絵図」より　国立国会図書館蔵

「宗茂」

「立斎」（出家後）

＊宗茂の改名■当時は「親成」と名乗っていたが、改名して「成」の字を用いないことで、十月一日に刑死した石田三成との関係を完全に絶つことを明示しようとしたのではないかと考えられる。

柳河藩主立花氏の菩提寺・福厳寺■右から順に、本堂・天王殿・鐘楼　福岡県柳川市

宗茂の弟高橋重種の関ヶ原における戦闘以降の動向は、同時代史料で確認できない。南に隣接する清正が立花氏領へ進攻していることから推測すると、西軍の敗北後、立花氏との一体化が進んだため、単独の戦闘対象とみなされなかった蓋然性が高い。いずれにせよ、立花氏と同様に改易されたが、立花氏の柳川復帰にあわせて、三池への復帰を果たした。重種は元和三年に死没したため、子種次《たねつぐ》の代のことである。

立花・筑後高橋氏の場合、降伏ではなく講和による決着であり、本来、家の存続は認められる予定だった。このため、豊後太田氏や早川氏とは異なる処遇になったのだろう。

赤館城跡（赤館公園）■棚倉地方の拠点城郭で、宗茂も城主となり、この地を治めた　福島県棚倉町

【主要参考文献】

相田文三「徳川家康の居所と行動（天正10年6月以降）」（藤井譲治編『織豊期主要人物居所集成』思文閣出版、二〇一一年）
阿蘇品保夫「宇土開城に関する新出史料―慶長五年一〇月一三日付清正書状について―」（『熊本史学』八五・八六、二〇〇六年）
池田公一「相良頼房と関ヶ原合戦」（『戦国史研究』一九、一九九〇年）
入江康太「岡藩政の成立過程―中川秀成の領内政策を中心に―」（竹田市立歴史資料館『岡藩誕生～400年前の国づくり』二〇一三年）
岩松要輔『鍋島直茂』（シリーズ・実像に迫る4、戎光祥出版、二〇一六年）
尾下成敏「豊臣政権の九州平定策をめぐって」（『日本史研究』五八五、二〇一一年）
小和田哲男『黒田如水―臣下百姓の罰恐るべし』（ミネルヴァ書房、二〇一二年）
笠谷和比古『関ヶ原合戦と近世の国制』（思文閣出版、二〇〇〇年）
熊本県立美術館『ほとけの里と相良の名宝』（熊本県立美術館、二〇一五年）
佐藤晃洋「ずらり！近世大名！―石垣原合戦前後の豊後・豊前―」（大分県立先哲史料館『企画展　近世大分の幕開け〔関連講座資料〕』二〇一四年）
白峰　旬「慶長五年の九州における黒田如水・加藤清正の軍事行動（攻城戦と城受け取り）について―関ヶ原の戦いに関する私戦復活の事例研究（その2）―」（別府大学史学研究会『史学論叢』四一、二〇一一年）
白峰　旬『関ヶ原合戦の真実――脚色された天下分け目の戦い』（宮帯出版社、二〇一四年）
高野信治『近世大名家臣団と領主制』（吉川弘文館、一九九七年）
高野信治『藩国と藩輔の構図』（名著出版、二〇〇二年）
高野信治『近世領主支配と地域社会』（校倉書房、二〇〇九年）
田代　学「原典史料にみる宮崎城」（『宮崎県地方史研究紀要』二七、二〇〇一年）
津野倫明「蔚山の戦いと秀吉死後の政局―正月二十五日付秀吉朱印感状の政治的意義を中心に―」（『ヒストリア』一八〇、二〇〇二年）

鳥津亮二『小西行長―「抹殺」されたキリシタン大名の実像』（八木書店、二〇一〇年）
中野　等『豊臣政権の対外侵略と太閤検地』（校倉書房、一九九六年）
中野　等『立花宗茂』（吉川弘文館、二〇〇一年）
中野　等・穴井綾香『柳川の歴史4　近世大名立花家』（柳川市、二〇一二年）
橋本操六「関ヶ原合戦前後の豊後諸大名―『清正勲績考』を中心に―」（『大分県地方史』一二二、一九八六年）
林　千寿「関ヶ原合戦における細川家―その動向と動機―」（『熊本史学』七六・七七、二〇〇〇年）
林　千寿「慶長五年の戦争と戦後領国体制の創出――九州地域を素材として」（『日本歴史』七四二、二〇一〇年）
人吉市教育委員会『波乱万丈！相良清兵衛伝』（人吉市教育委員会、二〇一三年）
藤田達生『日本近世国家成立史の研究』（校倉書房、二〇〇一年）
藤野　保『佐賀藩』（吉川弘文館、二〇一〇年）
堀本一繁「肥前勝尾城主筑紫氏に関する基礎的考察」（鳥栖市教育委員会『戦国の城と城下町―鳥栖の町づくりと歴史・文化講座』鳥栖市教育委員会、一九九七年）
松原勝也「大友氏の衰退と豊後の細分化」（大分県立先哲史料館『企画展　近世大分の幕開け〔関連講座資料〕』二〇一四年）
丸島和洋「豊臣大名からみた「取次」―相良氏と石田三成の関係を素材として―」（阿部猛編『中世政治史の研究』日本史史料研究会、二〇一〇年）
三重野勝人「「石垣原合戦」の実像を探る」（『別府史談』一七、二〇〇三年）
水野伍貴『秀吉死後の権力闘争と関ケ原前夜』（日本史史料研究会、二〇一六年）
宮崎県教育委員会『県道杉安・高鍋線道路改良工事関係発掘調査報告書　穂北城跡』（宮崎県教育委員会、一九九二年）
宮地輝和「中世日向伊東氏関係文書の基礎的研究」（『九州史学』一六四、二〇一二年）
山田貴司「関ヶ原合戦前後における加藤清正の動向」（熊本県立美術館『生誕四五〇年記念展　加藤清正』生誕四五〇年記念加藤清

正展実行委員会、二〇一二年）
山田貴司「加藤清正論の現在地」（シリーズ・織豊大名の研究2『加藤清正』戎光祥出版、二〇一四年）
山田貴司「豊臣政権の成立が相良氏と球磨郡にもたらしたもの」（熊本県立美術館『ほとけの里と相良の名宝』熊本県立美術館、二〇一五年）
山本博文『幕藩制の成立と近世の国制』（校倉書房、一九九〇年）
山本博文『島津義弘の賭け』（読売新聞社、一九九七年）
吉村豊雄「小西行長と関ヶ原合戦・加藤清正の宇土城攻め」（宇土市教育委員会『記録集小西行長を見直す』宇土市、二〇一〇年）
渡邊大門『黒田官兵衛・長政の野望――もう一つの関ヶ原』（角川学芸出版、二〇一三年）

【基本資料集】
『大分県郷土史料集成』（臨川書店、一九七三年）
『鹿児島県史料』旧記雑録後編四
『熊本県史料』中世編第一、補遺（『熊本史学』四〇、一九七二年）
『久留米市史』第七巻
『黒田家文書』第一巻（福岡市博物館、一九九九年）
『五条家文書』（続群書類従完成会、一九七五年）
『佐賀県史料集成』古文書編第十一巻、二十一巻、二十八巻
『佐賀県近世史料』第一編第一巻・第二巻
『新宇土市史』資料編3
『新修熊本市史』史料編3

『大日本古文書　家わけ第二　浅野家文書』
『大日本古文書　家わけ第五　相良家文書』
『大日本古文書　家わけ第十六　島津家文書』
『中川家文書』（臨川書店、一九八七年）
『萩藩閥閲録』
『松井家三代』（八代市立博物館未来の森ミュージアム、一九九五年）
『松井文庫所蔵古文書調査報告書』二・三（八代市立博物館未来の森ミュージアム、一九九七〜九八年）
『宮崎県史』史料編近世1、4
『柳川市史』史料編5

関ヶ原の戦い関連年表（九州の情勢を中心に）

年号	西暦	年月日	関ヶ原の戦い関連事項
天正十五	一五八七	五月	島津氏が豊臣秀吉に降伏。その後、九州国分が実施される。
		七月	肥後国で国衆一揆が勃発。
天正十六	一五八八	閏五月	肥後国主の佐々成政が改易され、その跡に加藤清正と小西行長が入部。
文禄二	一五九三	五月	豊後国主の大友吉統が改易され、その跡に中川秀成らが入部。
慶長三	一五九八	八月十八日	豊臣秀吉が没する。
慶長四	一五九九	三月九日	島津忠恒が家臣の伊集院忠棟を殺害。
		閏三月三日	前田利家が死没し、その直後に、加藤清正らが石田三成を襲撃。三成は失脚する。
		四月	伊集院忠棟の子忠真の反乱（庄内の乱）が勃発。
		九月	前田利長と徳川家康が対立。
慶長五	一六〇〇	二月	細川氏に対して、豊後国速見郡などが加増される。
		三月	庄内の乱、終結。
		六月十六日	徳川家康が会津征討に向けて大坂を出立。
		七月十二日	石田三成らが反徳川闘争に決起し、豊臣奉行衆が毛利輝元へ上洛を要請。
		七月十五日	毛利輝元が広島出立の際、加藤清正に上洛を呼びかける。
		七月十七日	豊臣奉行衆により、家康弾劾状が配布される。
		七月十九日	西軍が伏見城へ攻撃を開始する。
		七月二十日	豊後岡城主の中川秀成が国元に帰着。

八月一日	伏見城が落城する。
八月四日	細川氏領の木付（杵築）受け取りに向けて、太田一成が出立。
八月十三日	太田一成が到着。翌日、木付城明け渡しを勧告する書状を発する。
八月十八日	豊前小倉城主の毛利吉成が、加藤清正の西軍への荷担を勧告するために下向。
八月二十五日	この頃、大友吉統勢が周防上関まで下向。
八月二十七日	東軍方の伊勢安濃津城が開城する。
九月一日	徳川家康が江戸を出陣して西上を開始。
九月三日	近江大津城主の京極高次が西軍から離反して籠城。
九月八日	大友勢が豊後安岐・富来間に着岸。
九月九日	大友勢が豊後立石村に布陣。黒田如水が豊前中津を出陣する。
九月十日	大友勢が木付へ侵攻するが、撃退される。
九月十二日	黒田勢が富来城を包囲。
九月十三日	大友勢と黒田・木付勢の戦闘が起こる（石垣原の戦い）。
九月十五日	大友吉統が降伏。加藤清正が豊後毛利氏領進攻に向け、肥後熊本を出陣する。大津城が開城。関ヶ原の戦いが勃発する。
九月十七日	黒田勢が安岐城を包囲する。石垣原の戦いの結果をうけて、加藤勢は肥後方面へ転戦。美濃大垣城に籠城していた熊谷直盛・垣見一直らを相良・高橋・秋月勢が殺害する。
九月二十一日	加藤勢、小西氏居城の宇土城への攻撃を開始する。
九月二十三日	この頃、大垣城が開城する。
九月二十四日	これ以前に、熊谷氏（安岐）・垣見氏（富来）は降伏。島津・相良勢が加藤氏領佐敷城への攻撃を開始。

		九月二十六日	この頃、鍋島勝茂が帰国のために大坂を出立する。
		九月二十八日	この頃、関ヶ原での戦闘の情報が九州まで到達する。豊後毛利氏が降伏。中川秀成が太田氏領臼杵へ向けて出陣。
		九月晦日	この頃、伊東勢が高橋氏領宮崎城を攻撃。翌日に落城したという（宮崎城の戦い）。
		十月一日	中川勢が臼杵を攻撃するが、太田勢に撃退される。石田三成・小西行長・安国寺恵瓊が処刑される。
		十月二日	これ以前に、立花宗茂が筑後柳川に帰着。
		十月三日	中川勢と太田勢が衝突し（佐賀関の戦い）、翌日まで戦いが続く。これ以降、日向国で伊東勢と島津勢の戦闘が展開される。
		十月十一日	伊東祐兵、大坂で死没。鍋島勝茂が肥前佐賀に帰着する。
		十月十四日	鍋島勢が筑後へ進攻し、黒田勢も同時に進攻。久留米城が開城する。この頃、宇土城が落城する。
		十月十五日	鍋島勢が立花氏領へ侵入。
		十月十七日	小西氏領八代城が開城。加藤清正が立花氏領への進攻に向けて、肥後南関に着陣する。
		十月二十日	鍋島勢と立花勢の戦闘が起こる（江上合戦）。
		十月二十二日	加藤勢が立花氏領柳川まで進攻。
		十月二十五日	立花氏と加藤・黒田氏との講和が成立する。柳川城が開城する。
		十一月十二日	これ以前に、臼杵城が開城する。
		十一月二十二日	徳川家康が島津氏征討の延期を通知する。
慶長六	一六〇一	五月	伊東氏と島津氏が講和。
慶長七	一六〇二	四月十一日	徳川家康が島津氏領国安堵の起請文を発給。
		十二月	島津忠恒が上洛し、家康に拝謁する。

【著者略歴】
光成準治（みつなり・じゅんじ）
1963年生まれ。広島県出身。
2006年、九州大学大学院比較社会文化学府博士課程修了。
同年、博士（比較社会文化）学位取得。
現在、九州大学大学院特別研究者。

〈主要著作〉
『中近世移行期大名領国の研究』校倉書房、2007年。
『関ヶ原前夜——西国大名たちの戦い』日本放送出版協会、2009年。
『毛利輝元——西国の儀任せ置かるの由候』ミネルヴァ書房、2016年。
『吉川広家』（編著、シリーズ・織豊大名の研究4）戎光祥出版、2016年。

シリーズ・実像に迫る 018
九州《きゅうしゅう》の関ヶ原《せきがはら》

2019年1月7日　初版初刷発行

著　者　光成準治
発行者　伊藤光祥
発行所　戎光祥出版株式会社
〒102-0083 東京都千代田区麹町1-7 相互半蔵門ビル8F
TEL：03-5275-3361（代表）　FAX：03-5275-3365
https://www.ebisukosyo.co.jp
編集協力　株式会社イズシエ・コーポレーション
印刷・製本　日経印刷株式会社
装　丁　堀　立明

ISBN：978-4-86403-304-6